AF282658

Speed Krypto

Dein schneller Einstieg in die Welt der Kryptowährungen

In nur 2 Stunden die wichtigsten Grundlagen des Kryptohandels lernen

Jonathan Hobel

Bibliografische Information der Deutschen Nationalbibliothek: Die Deutsche Nationalbibliothek verzeichnet diese Publikation in der Deutschen Nationalbibliografie; detaillierte bibliografische Daten sind im Internet über dnb.dnb.de abrufbar.

Verlag: BoD • Books on Demand GmbH, In de Tarpen 42, 22848 Norderstedt
Druck: Libri Plureos GmbH, Friedensallee 273, 22763 Hamburg

ISBN: 978-3-7597-6969-5

Inhaltsverzeichnis

Einleitung

Willkommen in der Welt der Kryptowährungen

Willkommen zu deinem Abenteuer in der faszinierenden Welt der Kryptowährungen! Wenn du dieses Buch in die Hand genommen hast, dann bist du wahrscheinlich neugierig, was es mit Bitcoin, Ethereum und all den anderen digitalen Währungen auf sich hat, von denen du immer wieder hörst. Vielleicht hast du schon von Menschen gehört, die durch den Handel mit Kryptowährungen reich geworden sind, oder du bist einfach daran interessiert, wie diese Technologie die Finanzwelt revolutioniert. Ganz gleich, aus welchem Grund du hier bist, dieses Buch wird dir helfen, Kryptowährungen zu verstehen und sicher in diesen aufregenden Markt einzusteigen.

Kryptowährungen sind mehr als nur ein vorübergehender Trend – sie sind eine technologische Revolution, die dabei ist, die Art und Weise, wie wir Geld und Werte verstehen, grundlegend zu verändern. Aber lass dich nicht von all den komplizierten Begriffen und technischen Details abschrecken. In diesem Buch werden wir alles Schritt für Schritt durchgehen, damit du die Grundlagen von Kryptowährungen begreifst und sicher handeln kannst.

Die Idee hinter Kryptowährungen ist einfach: Sie sind digitales Geld, das unabhängig von Regierungen und Banken funktioniert. Dies bietet eine Vielzahl von Vorteilen, wie niedrigere Transaktionsgebühren, schnellere Überweisungen und mehr finanzielle Freiheit. Doch wie bei jeder neuen Technologie gibt es auch Risiken und Herausforderungen, die es zu verstehen gilt.

Unser Ziel ist es, dir eine klare, leicht verständliche und unterhaltsame Einführung in die Welt der Kryptowährungen zu bieten. Wir werden die Geschichte und die Technologie hinter den Kryptowährungen beleuchten, dir zeigen, wie du sicher in den Markt einsteigen kannst, und dir Strategien an die Hand geben, um erfolgreich zu investieren. Außerdem werden wir praktische Beispiele und Tipps einfließen lassen, um dir den Einstieg so einfach wie möglich zu machen.

Egal, ob du absoluter Anfänger bist oder schon ein wenig Vorwissen mitbringst – dieses Buch ist für dich. Wir werden uns gemeinsam durch die Grundlagen arbeiten, tiefer in spezifische Kryptowährungen eintauchen und dir zeigen, wie du von den Möglichkeiten dieser digitalen Revolution profitieren kannst. Mach dich bereit, die Geheimnisse der Kryptowährungen zu entdecken und die ersten Schritte auf deiner Krypto-Reise zu unternehmen!

Also, schnall dich an und lass uns gemeinsam in die aufregende Welt der Kryptowährungen eintauchen. Die Zukunft des Geldes beginnt jetzt und du bist mittendrin!

Warum Kryptowährungen wichtig sind

In den letzten Jahren haben Kryptowährungen zunehmend an Bedeutung gewonnen und sind zu einem zentralen Thema in der Finanzwelt geworden. Doch warum sind sie so wichtig? Was macht diese digitalen Währungen zu einem so revolutionären Konzept? In diesem Kapitel werden wir die wesentlichen Gründe beleuchten, warum Kryptowährungen eine so bedeutende Rolle in der modernen Welt spielen und welche Vorteile sie mit sich bringen.

1. Dezentralisierung und Unabhängigkeit

Eine der grundlegendsten Eigenschaften von Kryptowährungen ist ihre Dezentralisierung. Im Gegensatz zu traditionellen Währungen, die von Zentralbanken und Regierungen kontrolliert werden, basieren Kryptowährungen auf einem dezentralen Netzwerk von Computern, die als Nodes bezeichnet werden. Diese Nodes arbeiten zusammen, um Transaktionen zu verifizieren und zu sichern, ohne dass eine zentrale Autorität erforderlich ist. Diese Unabhängigkeit von staatlichen und institutionellen Kontrollen bietet Nutzern mehr Freiheit und Kontrolle über ihr eigenes Geld.

2. Sicherheit und Transparenz

Dank der Blockchain-Technologie, die den meisten Kryptowährungen zugrunde liegt, sind Transaktionen transparent und fälschungssicher.

Jede Transaktion wird in einem öffentlichen Ledger (Blockchain) aufgezeichnet, das von allen Teilnehmern des Netzwerks eingesehen werden kann. Dies erhöht die Transparenz und macht Betrug praktisch unmöglich. Die kryptografische Sicherung sorgt dafür, dass nur der Besitzer eines bestimmten privaten Schlüssels Zugriff auf die entsprechenden digitalen Vermögenswerte hat.

3. Geringere Transaktionskosten und schnellere Überweisungen

Traditionelle Finanztransaktionen, insbesondere internationale Überweisungen, können teuer und zeitaufwendig sein. Kryptowährungen bieten hier eine attraktive Alternative, da sie Transaktionen in der Regel schneller und zu geringeren Kosten ermöglichen. Ohne die Notwendigkeit von Zwischenhändlern oder Banken können Überweisungen direkt zwischen den Parteien abgewickelt werden, oft innerhalb von Minuten.

4. Finanzielle Inklusion

Kryptowährungen haben das Potenzial, Milliarden von Menschen weltweit Zugang zu finanziellen Dienstleistungen zu verschaffen, die derzeit keinen Zugang zu traditionellen Bankensystemen haben. In vielen Entwicklungsländern sind Bankkonten und Kreditkarten nicht weit verbreitet, doch Smartphones und Internetzugang werden immer häufiger. Kryptowährungen ermöglichen es diesen Menschen, sicher und effizient Geld zu senden und zu empfangen, zu sparen und zu investieren, ohne auf ein konventionelles Bankensystem angewiesen zu sein.

5. Innovation und neue Geschäftsmodelle

Die Einführung von Kryptowährungen hat eine Welle von Innovationen und neuen Geschäftsmodellen ausgelöst. Von dezentralisierten Finanzdienstleistungen (DeFi) über Initial Coin Offerings (ICOs) bis hin zu neuen Formen des Crowdfunding – Kryptowährungen bieten eine Plattform für kreative und disruptive Geschäftsmodelle, die traditionelle Finanzstrukturen in Frage stellen und neue Möglichkeiten eröffnen.

6. Schutz vor Inflation und wirtschaftlicher Instabilität

In Ländern mit hoher Inflation und wirtschaftlicher Instabilität können Kryptowährungen eine Alternative zu instabilen nationalen Währungen darstellen. Bitcoin zum Beispiel wird oft als digitales Gold betrachtet, das als Wertspeicher dienen kann. Durch die begrenzte Menge vieler Kryptowährungen (wie die 21 Millionen Bitcoin) bieten sie einen Schutz vor Inflation, der bei traditionellen Währungen nicht gegeben ist.

7. Globale Akzeptanz und Nutzung

Immer mehr Unternehmen und Händler weltweit akzeptieren Kryptowährungen als Zahlungsmittel. Diese wachsende Akzeptanz trägt dazu bei, die Verwendung und das Vertrauen in digitale Währungen zu stärken. Von kleinen Online-Shops bis hin zu großen multinationalen Konzernen – die Liste derjenigen, die Kryptowährungen nutzen, wächst stetig.

Zusammenfassend lässt sich sagen, dass Kryptowährungen mehr sind als nur eine digitale Spielerei für Technikbegeisterte. Sie bieten echte, greifbare Vorteile und haben das Potenzial, das globale Finanzsystem grundlegend zu verändern. Indem sie Dezentralisierung, Sicherheit, Effizienz und Inklusion fördern, tragen sie dazu bei, eine gerechtere und transparentere finanzielle Zukunft zu gestalten. In den folgenden Kapiteln dieses Buches werden wir tiefer in die Welt der Kryptowährungen eintauchen und dir zeigen, wie du diese Vorteile für dich nutzen kannst.

Kapitel 1: Grundlagen der Kryptowährungen

1.1 Was sind Kryptowährungen?

Stell dir vor, du befindest dich in einem digitalen Marktplatz, auf dem Menschen Waren und Dienstleistungen handeln. Anstelle von Bargeld oder Kreditkarten nutzen sie eine neue Art von Währung: Kryptowährungen. Aber was genau sind Kryptowährungen und wie funktionieren sie?

Digitale Währungen

Kryptowährungen sind im Wesentlichen digitales Geld. Sie existieren nur online und werden durch fortschrittliche Verschlüsselungstechniken (Kryptografie) gesichert. Anders als herkömmliche Währungen wie Euro oder Dollar, die von Zentralbanken ausgegeben und kontrolliert werden, sind Kryptowährungen dezentralisiert. Das bedeutet, sie werden nicht von einer einzigen Institution oder Regierung kontrolliert, sondern von einem Netzwerk von Computern, die weltweit miteinander verbunden sind.

Blockchain-Technologie

Das Herzstück der meisten Kryptowährungen ist die sogenannte Blockchain-Technologie. Eine Blockchain ist wie ein digitales Kassenbuch, das alle Transaktionen verzeichnet. Stell dir eine endlose Liste von Transaktionen vor, die ständig erweitert wird. Jede Transaktion wird in einem „Block" gespeichert, und diese Blöcke sind in einer chronologischen Kette miteinander verbunden – daher der Name „Blockchain".

Jeder Block enthält eine Vielzahl von Transaktionen und ist durch komplexe mathematische Rätsel gesichert, die nur durch den Einsatz von erheblicher Rechenleistung gelöst werden können. Diese Prozesse werden als „Mining" bezeichnet. Sobald ein Block verifiziert ist, wird er der Blockchain hinzugefügt und kann nicht mehr verändert werden. Dies macht die Blockchain extrem sicher und transparent, da jeder Teilnehmer des Netzwerks die gesamte Historie der Transaktionen einsehen kann.

Beispiel: Bitcoin

Die bekannteste Kryptowährung ist Bitcoin, die 2009 von einer Person oder Gruppe unter dem Pseudonym Satoshi Nakamoto eingeführt wurde. Bitcoin war die erste Kryptowährung und bleibt bis heute die größte und bekannteste. Bitcoin-Transaktionen werden in einem dezentralen Netzwerk verifiziert und gespeichert, ohne dass eine zentrale Behörde involviert ist.

Ein Beispiel zur Veranschaulichung: Angenommen, du möchtest deinem Freund in einem anderen Land Geld schicken. Mit traditionellen Methoden wie einer Banküberweisung könnte dies Tage dauern und hohe Gebühren verursachen. Mit Bitcoin kannst du das Geld direkt und nahezu sofort an deinen Freund senden, ohne Zwischenhändler und zu geringen Kosten.

Andere Kryptowährungen

Neben Bitcoin gibt es Tausende von anderen Kryptowährungen, die jeweils ihre eigenen speziellen Merkmale und Anwendungsbereiche haben. Ethereum zum Beispiel ermöglicht es, sogenannte „Smart Contracts" zu erstellen – selbstausführende Verträge, bei denen die Bedingungen der Vereinbarung direkt in Code geschrieben werden. Diese Smart Contracts ermöglichen eine Vielzahl von Anwendungen, von dezentralen Finanzdienstleistungen (DeFi) bis hin zu digitalen Identitäten.

Verwendung und Akzeptanz

Kryptowährungen können für eine Vielzahl von Zwecken verwendet werden: als Zahlungsmittel für Waren und Dienstleistungen, als Investitionsmöglichkeit oder als Mittel zur Übertragung von Werten. Immer mehr Unternehmen und Händler weltweit akzeptieren Kryptowährungen als Zahlungsmittel. Diese wachsende Akzeptanz trägt zur Stabilität und zum Wert der Kryptowährungen bei.

Sicherheit und Kontrolle

Einer der größten Vorteile von Kryptowährungen ist die Kontrolle, die sie den Nutzern über ihr eigenes Geld bieten. Durch die Verwendung privater Schlüssel haben nur die Besitzer Zugriff auf ihre digitalen Vermögenswerte. Dies erhöht die Sicherheit, birgt aber auch die Verantwortung, diese Schlüssel sicher aufzubewahren.

Zusammengefasst sind Kryptowährungen eine innovative Form des digitalen Geldes, die durch die Blockchain-Technologie ermöglicht wird. Sie bieten zahlreiche Vorteile wie Dezentralisierung, Sicherheit, niedrige Transaktionskosten und finanzielle Inklusion. In den nächsten Kapiteln werden wir tiefer in die verschiedenen Aspekte der Kryptowährungen eintauchen und dir zeigen, wie du sicher und erfolgreich in diese aufregende Welt einsteigen kannst.

1.2 Die Geschichte der Kryptowährungen

Die Geschichte der Kryptowährungen ist faszinierend und zeigt, wie eine revolutionäre Idee die Welt verändern kann. Obwohl Kryptowährungen noch nicht mal 20 Jahre existieren, haben sie bereits einen erheblichen Einfluss auf die Finanzwelt und darüber hinaus.

Die Anfänge: Bitcoin

Die Geschichte der Kryptowährungen begann im Jahr 2008, als eine Person oder Gruppe unter dem Pseudonym Satoshi Nakamoto ein Whitepaper veröffentlichte, das den Grundstein für Bitcoin legte. In diesem Dokument wurde ein System beschrieben, das digitale Transaktionen ohne die Notwendigkeit einer zentralen Autorität ermöglicht – eine digitale Währung, die direkt zwischen den Nutzern gehandelt werden kann.

Im Januar 2009 wurde das Bitcoin-Netzwerk ins Leben gerufen, als Nakamoto den ersten Block der Bitcoin-Blockchain, bekannt als den "Genesis Block" schürfte. Dieser erste Block enthielt eine Belohnung von 50 Bitcoins und markierte den Beginn einer neuen Ära des digitalen Geldes.

Frühe Akzeptanz und Wachstum

In den ersten Jahren nach der Einführung von Bitcoin war die Akzeptanz langsam. Nur eine kleine Gemeinschaft von Technikbegeisterten und Kryptografie-Experten interessierte sich für die neue Technologie. Ein Meilenstein in der Geschichte von Bitcoin war der erste dokumentierte Kauf einer physischen Ware mit Bitcoin im Jahr 2010. Ein Programmierer namens Laszlo Hanyecz zahlte 10.000 Bitcoins für zwei Pizzen. Heute wäre diese Summe mehrere Hundert Millionen Dollar wert.

Aufstieg und Erweiterung

In den folgenden Jahren gewann Bitcoin immer mehr Aufmerksamkeit und Wert. Die erste große Bitcoin-Börse, Mt. Gox, wurde 2010 gegründet und half dabei, den Handel mit Bitcoin zu erleichtern. Allerdings war die frühe Geschichte von Bitcoin auch von Skandalen und Sicherheitsproblemen geprägt, wie dem berüchtigten Hack von Mt. Gox im Jahr 2014, bei dem Hunderttausende von Bitcoins verloren gingen.

Trotz dieser Rückschläge wuchs das Interesse an Kryptowährungen weiter. Neue Kryptowährungen, sogenannte "Altcoins," begannen zu entstehen. Eine der bekanntesten ist Ethereum, die 2015 eingeführt wurde. Ethereum brachte eine wichtige Neuerung mit sich: Smart Contracts. Diese selbst ausführenden Verträge erweiterten die Einsatzmöglichkeiten von Blockchain-Technologie erheblich.

Die Blase von 2017 und ihre Folgen

Ein weiterer bedeutender Moment in der Geschichte der Kryptowährungen war das Jahr 2017. Bitcoin und viele andere Kryptowährungen erlebten einen dramatischen Anstieg der Preise, was zu einem großen Medienhype führte. Bitcoin erreichte im Dezember 2017 einen Wert von fast 20.000 US-Dollar. Diese Zeit wird oft als "Krypto-Blase" bezeichnet, da die Preise kurz danach stark fielen.

Trotz des anschließenden Preissturzes hatte die Blase positive Auswirkungen: Sie führte zu einem erhöhten Bewusstsein und Interesse an Kryptowährungen und der zugrunde liegenden Blockchain-Technologie. Viele Unternehmen begannen, Blockchain-Anwendungen zu erforschen, und Regierungen weltweit nahmen sich der Regulierung von Kryptowährungen an.

Aktuelle Entwicklungen und Zukunftsausblick

Heute sind Kryptowährungen mehr als nur ein Nischen Interesse. Bitcoin gilt als digitales Gold und eine wertvolle Anlageform, während Ethereum und andere Plattformen weiterhin Innovationen in Bereichen wie dezentralisierte Finanzen (DeFi) und nicht-fungible Token (NFTs) vorantreiben. Große Unternehmen wie Tesla und PayPal haben begonnen, Bitcoin zu akzeptieren oder in ihre Geschäftsmodelle zu integrieren, was die Legitimität und Akzeptanz weiter erhöht.

Die Zukunft der Kryptowährungen sieht vielversprechend aus. Während die Volatilität und die regulatorischen Herausforderungen bestehen bleiben, wächst das Potenzial für Kryptowährungen, traditionelle Finanzsysteme zu ergänzen oder sogar zu ersetzen. Neue Entwicklungen und technologische Fortschritte werden weiterhin die Möglichkeiten erweitern und mehr Menschen Zugang zu finanziellen Dienstleistungen verschaffen.

Diese kurze Übersicht gibt dir einen Einblick in die wichtigsten Meilensteine der Geschichte der Kryptowährungen und zeigt, wie sie sich von einer revolutionären Idee zu einer bedeutenden Kraft in der Finanzwelt entwickelt haben.

1.3 Blockchain-Technologie einfach erklärt

Die Blockchain-Technologie ist das Herzstück der meisten Kryptowährungen und eine der faszinierendsten Innovationen unserer Zeit. Obwohl der Begriff „Blockchain" oft kompliziert klingt, ist das Grundkonzept eigentlich recht einfach zu verstehen. Lass uns einen Blick darauf werfen, was eine Blockchain ist und wie sie funktioniert.

Was ist eine Blockchain?

Stell dir eine Blockchain als ein digitales Kassenbuch vor, das alle Transaktionen aufzeichnet. Dieses Kassenbuch ist jedoch nicht an einem einzigen Ort gespeichert. Stattdessen wird es auf viele Computer, sogenannte Nodes, verteilt, die alle dieselbe Kopie des Kassenbuchs haben. Dieses verteilte System macht die Blockchain extrem sicher und transparent.

Wie funktioniert eine Blockchain?

Eine Blockchain besteht aus einer Reihe von „Blöcken," die miteinander verbunden sind und eine Kette bilden – daher der Name „Blockchain." Jeder Block enthält eine Liste von Transaktionen sowie einen speziellen Code, der als „Hash" bezeichnet wird. Der Hash eines Blocks wird basierend auf den Daten in diesem Block erzeugt und dient als einzigartiger Fingerabdruck.

Hier ist ein einfacher Ablauf, wie die Blockchain funktioniert:

1. Transaktion Erstellung: Wenn du eine Kryptowährung wie Bitcoin an jemanden senden möchtest, wird eine Transaktion erstellt. Diese Transaktion enthält Informationen darüber, wer der Absender und der Empfänger sind und wie viel gesendet wird.

2. Transaktions Verifizierung: Die Transaktion wird an das Netzwerk gesendet, wo sie von den Nodes überprüft wird. Die Nodes stellen sicher, dass der Absender tatsächlich über die nötigen Mittel verfügt und dass die Transaktion gültig ist.

3. Block Erstellen: Gültige Transaktionen werden in einem neuen Block gesammelt. Dieser Block enthält neben den Transaktionen auch den Hash des vorherigen Blocks, wodurch die Blöcke miteinander verknüpft werden.

4. Konsens-Mechanismus: Um den neuen Block zur Blockchain hinzuzufügen, müssen die Nodes im Netzwerk sich darüber einig sein, dass der Block korrekt ist. Dies geschieht durch einen Konsens Mechanismus, wie zum Beispiel „Proof of Work" (PoW) bei Bitcoin. Beim PoW lösen die Nodes komplexe mathematische Rätsel, und der erste Node, der das Rätsel löst, darf den Block hinzufügen und wird dafür belohnt.

5. Block Hinzufügung: Sobald ein Konsens erreicht ist, wird der neue Block zur Blockchain hinzugefügt. Der aktualisierte Blockchain wird dann an alle Nodes im Netzwerk gesendet, sodass jeder eine identische Kopie der Blockchain hat.

Warum ist die Blockchain sicher?

Die Sicherheit der Blockchain beruht auf mehreren Faktoren:

- Dezentralisierung: Da die Blockchain auf vielen Computern gleichzeitig gespeichert ist, gibt es keinen zentralen Punkt, den man angreifen könnte. Ein Hacker müsste gleichzeitig die Mehrheit der Nodes im Netzwerk kontrollieren, was praktisch unmöglich ist.

- Kryptografische Sicherung: Jede Transaktion und jeder Block ist durch starke kryptografische Algorithmen gesichert. Dies macht es extrem schwierig, die Daten zu verändern.

- Unveränderlichkeit: Sobald ein Block zur Blockchain hinzugefügt wurde, kann er nicht mehr geändert werden, ohne die nachfolgenden Blöcke zu verändern. Da jeder Block den Hash des vorherigen Blocks enthält, würde eine Änderung an einem Block die gesamte Kette ungültig machen.

17

Praktische Anwendungen der Blockchain

Die Blockchain-Technologie wird nicht nur für Kryptowährungen verwendet. Sie hat viele andere potenzielle Anwendungen:

- Finanzwesen: Neben Kryptowährungen können Blockchains zur Verbesserung von Banktransaktionen, zur Reduzierung von Betrug und zur Effizienzsteigerung im Finanzwesen genutzt werden.

- Lieferketten: Blockchains können verwendet werden, um die Herkunft und den Weg von Produkten in der Lieferkette zu verfolgen, was die Transparenz und Rückverfolgbarkeit verbessert.

- Gesundheitswesen: Patientendaten können sicher und unveränderlich gespeichert werden, wobei die Privatsphäre und Integrität der Daten gewährleistet bleibt.

- Wahlen: Blockchains können sichere und transparente Wahlsysteme ermöglichen, bei denen Wahlbetrug nahezu unmöglich ist.

Zusammengefasst ist die Blockchain eine innovative Technologie, die sichere, transparente und unveränderliche Aufzeichnungen von Transaktionen ermöglicht. Sie bildet die Grundlage für Kryptowährungen und hat das Potenzial, viele Bereiche unseres Lebens zu revolutionieren. In den nächsten Kapiteln werden wir tiefer in die Welt der Kryptowährungen eintauchen und dir zeigen, wie du diese Technologien zu deinem Vorteil nutzen kannst.

Kapitel 2: Die wichtigsten Kryptowährungen

2.1 Bitcoin: Der Pionier

Bitcoin ist die erste und bekannteste Kryptowährung der Welt, oft als das „digitale Gold" bezeichnet. Sie wurde 2009 von einer anonymen Person oder Gruppe unter dem Pseudonym Satoshi Nakamoto ins Leben gerufen. Bitcoin war die erste erfolgreiche Umsetzung der Blockchain-Technologie und hat den Weg für die heutige Welt der Kryptowährungen geebnet.

Die Grundlagen von Bitcoin

Bitcoin ist eine dezentrale digitale Währung, die ohne eine zentrale Behörde oder Zwischenhändler auskommt. Transaktionen werden direkt zwischen den Nutzern über das Bitcoin-Netzwerk abgewickelt und in der Blockchain gespeichert – einer öffentlichen, unveränderlichen Datenbank. Jeder kann sich am Bitcoin-Netzwerk beteiligen, sei es als Nutzer, Miner oder Entwickler.

Warum ist Bitcoin wichtig?

1. Dezentralisierung: Bitcoin bietet eine Alternative zu traditionellen Finanzsystemen, die oft von Zentralbanken und Regierungen kontrolliert werden. Durch die Dezentralisierung haben Nutzer die volle Kontrolle über ihre Gelder.

2. Sicherheit: Die Blockchain-Technologie von Bitcoin macht Transaktionen transparent und nahezu fälschungssicher. Einmal in die Blockchain aufgenommen, können Transaktionen nicht mehr geändert oder gelöscht werden.

3. Knappheit: Bitcoin hat eine begrenzte Gesamtmenge von 21 Millionen Münzen, was es zu einer deflationären Währung macht. Diese Knappheit hat dazu beigetragen, dass Bitcoin als Wertspeicher und „digitales Gold" betrachtet wird.

4. Einfache und schnelle Überweisungen: Bitcoin ermöglicht schnelle und kostengünstige Transaktionen weltweit, ohne auf Banken oder andere Drittanbieter angewiesen zu sein.

Einfluss und Zukunft

Seit seiner Einführung hat Bitcoin die Art und Weise, wie wir über Geld und Finanzen denken, revolutioniert. Es hat eine Vielzahl von anderen Kryptowährungen inspiriert und die Entwicklung neuer Anwendungen der Blockchain-Technologie gefördert. Trotz seiner Volatilität bleibt Bitcoin die führende Kryptowährung und wird von vielen als eine wertvolle Anlage und Absicherung gegen traditionelle Finanzsysteme betrachtet.

In den kommenden Jahren wird Bitcoin voraussichtlich weiterhin eine zentrale Rolle im Bereich der Kryptowährungen spielen und neue Wege für finanzielle Innovationen und Unabhängigkeit eröffnen.

2.2 Ethereum und Smart Contracts

Ethereum ist nach Bitcoin die zweitbekannteste Kryptowährung und hat die Welt der digitalen Währungen mit einer entscheidenden Innovation bereichert: den Smart Contracts. Ethereum wurde 2015 von einem Team unter der Leitung des russisch-kanadischen Programmierers Vitalik Buterin ins Leben gerufen und hat sich seitdem zu einer der wichtigsten Plattformen im Kryptowährung Bereich entwickelt.

Die Grundlagen von Ethereum

Ethereum ist mehr als nur eine digitale Währung. Es ist eine dezentrale Plattform, die Entwicklern ermöglicht, eigene Anwendungen zu erstellen und zu betreiben. Diese Anwendungen, die als „DApps" (dezentralisierte Anwendungen) bekannt sind, laufen auf der Ethereum-Blockchain und nutzen die Kryptowährung Ether (ETH) als Treibstoff.

Was sind Smart Contracts?

Smart Contracts sind selbstausführende Verträge, bei denen die Bedingungen der Vereinbarung direkt im Code geschrieben sind. Sie funktionieren nach dem Prinzip „Wenn-Dann", was bedeutet, dass bestimmte Aktionen automatisch ausgeführt werden, wenn vordefinierte Bedingungen erfüllt sind. Ein einfaches Beispiel wäre ein Vertrag, der automatisch Geld überweist, sobald eine Ware geliefert wird.

Warum ist Ethereum wichtig?

1. Dezentralisierte Anwendungen (DApps): Ethereum ermöglicht die Entwicklung und den Betrieb von DApps, die ohne zentrale Kontrolle funktionieren. Dies eröffnet eine Vielzahl von Möglichkeiten, von Finanzdienstleistungen bis hin zu Spielen und sozialen Netzwerken.

2. Automatisierung: Durch Smart Contracts können komplexe Transaktionen und Vereinbarungen automatisiert und sicher ausgeführt werden, ohne dass Zwischenhändler benötigt werden. Dies spart Zeit und Kosten und reduziert das Risiko menschlicher Fehler oder Manipulation.

3. Flexibilität: Ethereum ist sehr flexibel und anpassungsfähig. Entwickler können eine breite Palette von Anwendungen erstellen, die auf der Blockchain laufen, was zu einer ständigen Innovation führt.

Einfluss und Zukunft

Ethereum hat die Blockchain-Technologie auf ein neues Niveau gehoben und zahlreiche Anwendungsbereiche jenseits von Kryptowährungen ermöglicht. Viele der heutigen dezentralisierten Finanzanwendungen (DeFi) basieren auf Ethereum, und die Plattform wird ständig weiterentwickelt.

Mit der Einführung von Ethereum 2.0, einer umfassenden Aktualisierung, die Skalierbarkeit und Effizienz verbessern soll, wird erwartet, dass Ethereum weiterhin eine führende Rolle in der Welt der Blockchain-Technologie spielen wird. Smart Contracts und DApps könnten in naher Zukunft alltäglicher Bestandteil unseres Lebens werden, und Ethereum wird wahrscheinlich eine Schlüsselrolle in dieser Entwicklung spielen.

2.3 Andere bedeutende Kryptowährungen

Neben Bitcoin und Ethereum gibt es viele andere Kryptowährungen, die wichtige Rollen im digitalen Finanz Ökosystem spielen. Einige von ihnen bieten innovative Technologien und neue Anwendungen, die über die Funktionen von Bitcoin und Ethereum hinausgehen. Hier sind einige der bedeutendsten Kryptowährungen:

1. Solana (SOL)

Solana ist eine leistungsstarke Blockchain-Plattform, die 2020 ins Leben gerufen wurde. Sie ist bekannt für ihre hohe Geschwindigkeit und niedrigen Transaktionskosten. Solana kann tausende von Transaktionen pro Sekunde verarbeiten, was sie zu einer der schnellsten Blockchains macht. Diese Geschwindigkeit wird durch eine einzigartige Konsens Methode namens „Proof of History" erreicht, die die zeitliche Abfolge von Transaktionen effizient dokumentiert. Solana hat sich besonders im Bereich der dezentralisierten Finanzanwendungen (DeFi) und nicht-fungiblen Token (NTFs) etabliert.

2. Binance Coin (BNB)

Binance Coin wurde von der Krypto-Börse Binance eingeführt und dient als Native Währung der Binance-Plattform. BNB wird verwendet, um Handelsgebühren zu reduzieren, und kann auch für verschiedene Transaktionen innerhalb des Binance-Ökosystems genutzt werden. Darüber hinaus wird BNB auf der Binance Smart Chain eingesetzt, einer Blockchain, die schnelle und kostengünstige Transaktionen ermöglicht und eine Alternative zu Ethereum bietet.

3. Cardano (ADA)

Cardano ist eine auf Forschung basierende Blockchain-Plattform, die 2017 von Charles Hoskinson, einem der Mitbegründer von Ethereum, ins Leben gerufen wurde. Cardano legt großen Wert auf Sicherheit und Skalierbarkeit. Die Plattform verwendet den „Proof of Stake"-Konsens Mechanismus namens Ouroboros, der energieeffizienter ist als Bitcoins „Proof of Work". Cardano zielt darauf ab, eine sichere und nachhaltige Blockchain für die Entwicklung von DApps und Smart Contracts zu bieten.

4. Ripple (XRP)

Ripple ist sowohl eine digitale Zahlungsprotokollplattform als auch eine Kryptowährung. Sie wurde entwickelt, um schnelle und kostengünstige internationale Überweisungen zu ermöglichen. XRP, die native Kryptowährung von Ripple, dient als Brückenwährung für grenzüberschreitende Transaktionen. Ripple wird von vielen Banken und Finanzinstituten weltweit genutzt und hat sich als eine der führenden Kryptowährungen im Bereich der globalen Zahlungsabwicklung etabliert.

5. Polkadot (DOT)

Polkadot wurde entwickelt, um verschiedene Blockchains miteinander zu verbinden und die Interoperabilität zwischen ihnen zu ermöglichen. Polkadot ermöglicht es, dass unabhängige Blockchains Informationen und Transaktionen sicher austauschen können. Diese Fähigkeit zur Interoperabilität macht Polkadot zu einer wichtigen Plattform für die Entwicklung von skalierbaren und flexiblen Blockchain-Lösungen.

Diese Kryptowährungen zeigen, wie vielfältig und innovativ die Welt der digitalen Währungen ist. Jede dieser Plattformen bringt einzigartige Merkmale und Anwendungen mit sich, die das Potenzial haben, verschiedene Bereiche unseres Lebens zu revolutionieren.

Während Bitcoin und Ethereum weiterhin die bekanntesten bleiben, bieten Solana, Binance Coin, Cardano, Ripple und Polkadot spannende Alternativen und Ergänzungen, die es wert sind, genauer betrachtet zu werden.

2.4 Stablecoins

Stablecoins sind eine besondere Art von Kryptowährungen, die entwickelt wurden, um Preisstabilität zu bieten. Im Gegensatz zu den oft volatilen Kryptowährungen wie Bitcoin oder Ethereum sind Stablecoins an den Wert eines stabilen Vermögenswerts gebunden, meistens an den US-Dollar, aber auch an andere Fiat-Währungen oder Vermögenswerte wie Gold.

Wie funktionieren Stablecoins?

Stablecoins werden durch verschiedene Mechanismen stabil gehalten:

1. Fiat-unterstützte Stablecoins: Diese sind durch traditionelle Währungen wie den US-Dollar gedeckt. Für jeden ausgegebenen Stablecoin wird ein entsprechender Betrag an Fiat-Währung in Reserve gehalten. Ein Beispiel ist Tether (USDT), bei dem jede USDT-Einheit durch einen US-Dollar in Reserve gedeckt ist.

2. Krypto-unterstützte Stablecoins: Diese Stablecoins sind durch andere Kryptowährungen besichert. Ein bekanntes Beispiel ist DAI, das durch Ethereum und andere Kryptowährungen gedeckt ist. Diese Stablecoins nutzen komplexe Algorithmen und Smart Contracts, um den Wert stabil zu halten.

3. Algorithmische Stablecoins: Diese verwenden keine physischen Reserven, sondern Algorithmen und Smart Contracts, um Angebot und Nachfrage zu steuern und so den Preis stabil zu halten. Ein Beispiel hierfür ist Ampleforth (AMPL).

Warum nutzt man Stablecoins?

Stablecoins bieten mehrere Vorteile, die sie sowohl für Investoren als auch für alltägliche Nutzer attraktiv machen:

1. Preisstabilität: Die größte Stärke von Stablecoins ist ihre Stabilität im Vergleich zu anderen Kryptowährungen. Diese Stabilität macht sie ideal für alltägliche Transaktionen und als Wertaufbewahrungsmittel.

2. Schnelle und kostengünstige Transaktionen: Stablecoins ermöglichen schnelle und kostengünstige Transaktionen, ähnlich wie andere Kryptowährungen. Dies ist besonders nützlich für internationale Überweisungen und den Handel.

3. Zugang zu Kryptowährungsmärkten: Für Nutzer, die in den Kryptomarkt einsteigen möchten, aber das Risiko der Volatilität scheuen, bieten Stablecoins eine sichere Möglichkeit, in den Markt einzutreten und gleichzeitig eine stabile Währung zu halten.

4. Dezentrale Finanzdienstleistungen (DeFi): Stablecoins spielen eine zentrale Rolle im DeFi-Bereich, da sie als stabile Grundlage für Kreditvergabe, Handel und andere finanzielle Dienstleistungen dienen.

5. Hedging: Anleger können Stablecoins nutzen, um sich gegen die Volatilität anderer Kryptowährungen abzusichern, indem sie ihre Vermögenswerte in stabileren Währungen parken.

Stablecoins sind eine wichtige Ergänzung zu den traditionellen Kryptowährungen, da sie Stabilität und Sicherheit bieten, ohne die Vorteile der Dezentralisierung und Effizienz zu verlieren. Sie eröffnen neue Möglichkeiten für den Einsatz von Kryptowährungen im Alltag und im Finanzsektor und tragen zur breiteren Akzeptanz digitaler Währungen bei.

Kapitel 3: Wie funktionieren Kryptowährungen

3.1 Mining und Transaktionen

Das Verständnis, wie Kryptowährungen funktionieren, ist entscheidend, um ihr Potenzial und ihre Anwendungsmöglichkeiten zu erkennen. Zwei zentrale Konzepte in der Welt der Kryptowährungen sind Mining und Transaktionen.

Was ist Mining?

Mining ist der Prozess, durch den neue Einheiten einer Kryptowährung geschaffen und Transaktionen verifiziert werden. Dies geschieht durch das Lösen komplexer mathematischer Rätsel, was erhebliche Rechenleistung erfordert. Diejenigen, die diese Rätsel lösen und damit Transaktionen verifizieren, werden „Miner" genannt.

Hier ist ein vereinfachter Überblick darüber, wie Mining funktioniert:

1. Transaktion Bündelung: Wenn eine Kryptowährung Transaktion durchgeführt wird, wird sie in einem „MemPool" (Memory Pool) gesammelt, wo sie darauf wartet, in einen Block aufgenommen zu werden.

2. Block Erstellen: Miner nehmen eine Reihe von Transaktionen aus dem MemPool und fügen sie in einen neuen Block ein. Jede Transaktion muss verifiziert werden, um sicherzustellen, dass der Absender über genügend Mittel verfügt und die Transaktion legitim ist.

3. Kryptografisches Rätsel: Um der Block zur Blockchain hinzuzufügen, müssen Miner ein kryptografisches Rätsel lösen. Dieses Rätsel erfordert, dass die Miner eine Zahl finden, die, zusammen mit den Daten im Block, eine bestimmte Bedingung erfüllt. Dieser Prozess wird als „Proof of Work" bezeichnet und erfordert erhebliche Rechenleistung.

4. Block Verifizierung: Der erste Miner, der das Rätsel löst, sendet den neuen Block an das Netzwerk. Die anderen Nodes (Computer im Netzwerk) überprüfen den Block, und wenn er korrekt ist, wird er zur Blockchain hinzugefügt.

5. Belohnung: Der erfolgreiche Miner erhält eine Belohnung in Form von neuen Einheiten der Kryptowährung sowie eventuellen Transaktionsgebühren, die in den Block aufgenommen wurden.

Was sind Kryptowährung Transaktionen?

Eine Transaktion ist der Transfer einer Kryptowährung von einem Nutzer zu einem anderen. Sie besteht aus mehreren Komponenten:

1. Absender und Empfänger: Jede Transaktion hat einen Absender (die Quelle der Mittel) und einen Empfänger (der Zielort der Mittel). Diese werden durch öffentliche Schlüssel (Adressen) repräsentiert.

2. Betrag: Der Betrag der Kryptowährung, der übertragen wird.

3. Signatur: Der Absender muss die Transaktion mit seinem privaten Schlüssel signieren, um zu beweisen, dass er tatsächlich die Kontrolle über die gesendeten Mittel hat. Diese digitale Signatur sorgt für Sicherheit und verhindert Betrug.

4. Transaktionsgebühr: Miner, die die Transaktion verifizieren und in einen Block aufnehmen, erhalten eine Gebühr. Diese Gebühr ist ein Anreiz für Miner, Transaktionen schnell zu verarbeiten.

Der Transaktionsprozess

1. Erstellung: Der Absender erstellt eine Transaktion und signiert sie digital mit seinem privaten Schlüssel. Diese Transaktion wird dann an das Netzwerk gesendet.

2. Verifizierung: Die Transaktion gelangt in den MemPool und wartet darauf, von Minern aufgenommen zu werden. Miner verifizieren die Transaktion, um sicherzustellen, dass sie legitim ist.

3. Aufnahme in einen Block: Verifizierte Transaktionen werden in einen Block aufgenommen, der dann dem kryptografischen Rätsel unterzogen wird.

4. Hinzufügung zur Blockchain: Sobald das Rätsel gelöst ist, wird der Block zur Blockchain hinzugefügt. Die Transaktion gilt jetzt als bestätigt und unwiderruflich.

5. Bestätigung: Der Empfänger kann die Transaktion in der Blockchain sehen und weiß, dass die Mittel erfolgreich übertragen wurden.

Warum ist Mining wichtig?

Mining erfüllt zwei wichtige Funktionen im Netzwerk:

1. Sicherheit: Durch das Verifizieren von Transaktionen und das Hinzufügen von Blöcken zur Blockchain wird sichergestellt, dass alle Transaktionen korrekt und fälschungssicher sind.

2. Dezentralisierung: Da Mining von vielen verschiedenen Computern weltweit durchgeführt wird, bleibt das Netzwerk dezentralisiert und widerstandsfähig gegen Manipulation und Ausfälle.

Das Verständnis von Mining und Transaktionen ist essentiell, um die Funktionsweise und die Sicherheit von Kryptowährungen zu begreifen. Diese Prozesse sorgen dafür, dass das Netzwerk dezentralisiert, transparent und sicher bleibt, und ermöglicht es den Nutzern, weltweit schnelle und zuverlässige Transaktionen durchzuführen.

3.2 Wallets und Schlüssel

Um Kryptowährungen sicher aufzubewahren und Transaktionen durchzuführen, benötigen Nutzer spezielle Software oder Hardware, die als „Wallets" (Brieftaschen) bezeichnet werden. Wallets verwalten die privaten und öffentlichen Schlüssel, die für den Zugriff auf die Kryptowährungen und die Durchführung von Transaktionen notwendig sind.

Was ist ein Wallet?

Ein Krypto-Wallet ist ein digitales Werkzeug, das verwendet wird, um Kryptowährungen zu speichern, zu empfangen und zu senden. Es gibt verschiedene Arten von Wallets, die jeweils unterschiedliche Sicherheits- und Komfortmerkmale bieten:

1. Hot Wallets: Diese sind mit dem Internet verbunden und bieten einfachen Zugang zu Kryptowährungen. Beispiele sind Desktop-Wallets, Mobile-Wallets und Web-Wallets. Sie sind benutzerfreundlich, aber auch anfälliger für Hackerangriffe.

2. Cold Wallets: Diese sind nicht mit dem Internet verbunden und bieten daher eine höhere Sicherheit. Beispiele sind Hardware-Wallets und Paper-Wallets. Sie sind ideal für die langfristige Aufbewahrung großer Mengen an Kryptowährungen.

Öffentliche und private Schlüssel

Ein Krypto-Wallet enthält zwei wichtige Schlüssel:

1. Öffentlicher Schlüssel: Dieser Schlüssel ist vergleichbar mit einer Kontonummer. Er kann frei weitergegeben werden und wird verwendet, um Kryptowährungen zu empfangen. Jede Person, die Ihren öffentlichen Schlüssel kennt, kann Ihnen Kryptowährungen senden.

2. Privater Schlüssel (Private Key): Dieser Schlüssel ist vergleichbar mit einem Passwort und muss geheim gehalten werden. Er wird

verwendet, um Transaktionen zu signieren und auf Ihre Kryptowährungen zuzugreifen. Wenn jemand Ihren privaten Schlüssel kennt, hat diese Person die vollständige Kontrolle über Ihre Wallet und die darin gespeicherten Kryptowährungen.

Was ist eine Seed Phrase?

Eine Seed Phrase, auch als Wiederherstellungsphrase oder Mnemonic Phrase bekannt, ist eine Reihe von 12 bis 24 Wörtern, die zufällig generiert werden und als Backup für Ihre Wallet dient. Diese Phrase ermöglicht es Ihnen, Ihre Wallet und die darin gespeicherten Kryptowährungen wiederherzustellen, falls Sie den Zugriff auf Ihr Gerät oder Ihren privaten Schlüssel verlieren. Hier sind einige wichtige Punkte zur Seed Phrase:

1. Sicherheit: Die Seed Phrase ist extrem wichtig und muss sicher aufbewahrt werden. Wenn jemand Zugriff auf Ihre Seed Phrase hat, kann er Ihre Wallet wiederherstellen und die darin enthaltenen Kryptowährungen stehlen.

2. Wiederherstellung: Mit der Seed Phrase können Sie Ihre Wallet auf einem neuen Gerät wiederherstellen, wenn das ursprüngliche Gerät verloren geht oder beschädigt wird. Dies stellt sicher, dass Sie immer Zugang zu Ihren Kryptowährungen haben, selbst wenn Sie Ihr Wallet verlieren.

3. Offline-Aufbewahrung: Es wird empfohlen, die Seed Phrase offline zu speichern, z. B. auf Papier oder einer speziellen Metall Karte, und sie an einem sicheren Ort aufzubewahren. Vermeiden Sie es, die Seed Phrase digital zu speichern, da dies das Risiko eines Hackerangriffs erhöht.

Wie funktionieren Wallets in der Praxis?

1. Erstellung: Beim Erstellen eines Wallets wird ein Paar von öffentlichen und privaten Schlüsseln generiert. Zusätzlich wird eine Seed Phrase erstellt, die als Backup dient.

2. Empfang von Kryptowährungen: Um Kryptowährungen zu empfangen, geben Sie einfach Ihren öffentlichen Schlüssel an den Absender weiter. Die Transaktion wird dann in der Blockchain aufgezeichnet, und die Kryptowährungen erscheinen in Ihrem Wallet.

3. Senden von Kryptowährungen: Um Kryptowährungen zu senden, geben Sie die Adresse des Empfängers und den Betrag ein, den Sie senden möchten. Dann signieren Sie die Transaktion mit Ihrem privaten Schlüssel. Die signierte Transaktion wird an das Netzwerk gesendet und von den Minern verifiziert.

Sicherheitstipps für Wallets

- Sichern Sie Ihre Seed Phrase: Bewahren Sie Ihre Seed Phrase an einem sicheren Ort auf und teilen Sie sie niemals mit jemandem.
- Verwenden Sie Cold Wallets für große Beträge: Für größere Mengen an Kryptowährungen oder langfristige Aufbewahrung sind Cold Wallets sicherer.
- Aktualisieren Sie Ihre Software: Halten Sie Ihre Wallet-Software immer auf dem neuesten Stand, um Sicherheitslücken zu vermeiden.
- Verwenden Sie Zwei-Faktor-Authentifizierung (2FA): Wenn möglich, aktivieren Sie 2FA, um eine zusätzliche Sicherheitsebene hinzuzufügen.

Das Verständnis von Wallets und Schlüsseln ist unerlässlich, um sicher mit Kryptowährungen umzugehen. Wallets bieten die notwendige Infrastruktur, um Kryptowährungen sicher zu speichern und zu verwenden, während Seed Phrases als lebenswichtige Backup-Mechanismen dienen. Indem Sie diese Konzepte verstehen und die richtigen Sicherheitsmaßnahmen ergreifen, können Sie Ihre Kryptowährungen effektiv schützen und verwalten.

3.3 Unterschiede zwischen Kryptowährungen

In der Welt der Kryptowährungen gibt es eine Vielzahl von digitalen Währungen, die jeweils unterschiedliche Merkmale und

Anwendungsfälle haben. Während alle Kryptowährungen auf der Blockchain-Technologie basieren, unterscheiden sie sich in mehreren Aspekten. Hier sind einige der wichtigsten Unterschiede zwischen den verschiedenen Kryptowährungen:

1. Zweck und Anwendungsfälle

- Bitcoin (BTC): Bitcoin ist die erste und bekannteste Kryptowährung. Ihr Hauptzweck ist es, als dezentrales, digitales Geld zu dienen und eine Alternative zu traditionellen Währungen zu bieten. Bitcoin wird oft als „digitales Gold" betrachtet und dient als Wertspeicher und Zahlungsmittel.

- Ethereum (ETH): Ethereum ist mehr als nur eine Kryptowährung. Es ist eine Plattform für dezentrale Anwendungen (DApps) und Smart Contracts. Entwickler können eigene Anwendungen auf der Ethereum-Blockchain erstellen, was eine Vielzahl von Anwendungsfällen ermöglicht, von Finanzdienstleistungen bis hin zu Spielen.

- Ripple (XRP): Ripple konzentriert sich auf schnelle und kostengünstige internationale Überweisungen. Es wird von vielen Banken und Finanzinstituten verwendet, um grenzüberschreitende Zahlungen effizient abzuwickeln.

2. Konsens Mechanismen

- Proof of Work (PoW): Bitcoin und viele andere Kryptowährungen nutzen den Proof of Work-Mechanismus, bei dem Miner komplexe mathematische Rätsel lösen, um Transaktionen zu verifizieren und neue Blöcke zur Blockchain hinzuzufügen. Dieser Prozess erfordert erhebliche Rechenleistung und Energie.

- Proof of Stake (PoS): Ethereum 2.0 und andere Kryptowährungen wie Cardano (ADA) verwenden den Proof of Stake-Mechanismus. Bei PoS werden neue Blöcke durch Validatoren erstellt, die einen bestimmten Betrag an Kryptowährung als Sicherheit hinterlegen. Dieser Mechanismus ist energieeffizienter als PoW.

3. Transaktionsgeschwindigkeit und -kosten

- Bitcoin: Bitcoin-Transaktionen können relativ langsam sein und hohe Gebühren verursachen, besonders in Zeiten hoher Netzwerkbelastung. Die durchschnittliche Blockzeit beträgt etwa 10 Minuten.

- Solana (SOL): Solana ist bekannt für seine hohe Transaktionsgeschwindigkeit und niedrige Kosten. Sie kann tausende von Transaktionen pro Sekunde verarbeiten, was sie ideal für Anwendungen macht, die schnelle und günstige Transaktionen erfordern.

4. Programmierbarkeit

- Ethereum: Ethereum ist vollständig programmierbar und ermöglicht die Erstellung und Ausführung von Smart Contracts, die komplexe Bedingungen und Logiken automatisieren können. Dies macht Ethereum zu einer vielseitigen Plattform für verschiedene Anwendungen.

- Bitcoin: Bitcoin unterstützt keine komplexen Smart Contracts und ist in erster Linie auf einfache Transaktionen ausgelegt. Dies macht es weniger flexibel als Ethereum, aber auch einfacher und sicherer für die Speicherung und Übertragung von Werten.

5. Stabilität

- Stablecoins: Im Gegensatz zu anderen Kryptowährungen sind Stablecoins wie Tether (USDT) und USD Coin (USDC) an den Wert einer Fiat-Währung, meist den US-Dollar, gebunden. Dies bietet Preisstabilität und macht sie ideal für den täglichen Gebrauch und als Absicherung gegen die Volatilität des Krypto Marktes.

Diese Unterschiede zeigen, dass nicht alle Kryptowährungen gleich sind. Jede hat ihre eigenen Stärken, Schwächen und

34

Anwendungsbereiche. Während B tcoin als sicherer Wertspeicher und Zahlungsmittel dient, bietet Ethereum eine Plattform für die Entwicklung dezentraler Anwendungen. Ripple konzentriert sich auf internationale Zahlungen, während Solana schnelle und kostengünstige Transaktionen ermöglicht. Das Verständnis dieser Unterschiede hilft Nutzern und Investoren, die richtige Kryptowährung für ihre Bedürfnisse und Ziele auszuwählen.

Kapitel 4: Handel und Investition in Kryptowährungen

4.1 Auswahl und Nutzung von Krypto-Börsen

Der Handel mit Kryptowährungen erfolgt hauptsächlich über spezialisierte Online-Plattformen, die als Krypto-Börsen bezeichnet werden. Diese Börsen ermöglichen es den Nutzern, verschiedene Kryptowährungen zu kaufen, zu verkaufen und zu handeln. Es ist jedoch entscheidend, sorgfältig eine vertrauenswürdige Börse auszuwählen und Sicherheitsvorkehrungen zu treffen, um Betrug und Verluste zu vermeiden.

Die richtige Börse wählen

Die Wahl der richtigen Krypto-Börse ist ein entscheidender Schritt für den erfolgreichen Handel mit Kryptowährungen. Hier sind einige Faktoren, die bei der Auswahl einer Börse berücksichtigt werden sollten:

1. Sicherheit: Eine vertrauenswürdige Börse sollte über starke Sicherheitsmaßnahmen verfügen, wie z.B. Zwei-Faktor-Authentifizierung (2FA), Cold Storage für Gelder und regelmäßige Sicherheitsüberprüfungen.

2. Reputation: Recherchieren Sie die Reputation der Börse. Lesen Sie Bewertungen und Erfahrungsberichte anderer Nutzer, um sicherzustellen, dass die Börse zuverlässig und benutzerfreundlich ist.

3. Gebühren: Vergleichen Sie die Handelsgebühren und Auszahlungskosten verschiedener Börsen. Niedrigere Gebühren können sich positiv auf Ihre Rendite auswirken.

4. Unterstützte Kryptowährungen: Stellen Sie sicher, dass die Börse die Kryptowährungen unterstützt, die Sie handeln möchten.

5. Benutzerfreundlichkeit: Eine intuitive Benutzeroberfläche und ein guter Kundensupport sind wichtig, besonders für Einsteiger.

Offizielle Webseiten nutzen

Es ist von größter Wichtigkeit, die offiziellen Webseiten der Krypto-Börsen zu nutzen. Im Internet gibt es viele betrügerische Websites, die darauf abzielen, Nutzer zu täuschen und ihre Gelder zu stehlen. Diese Scam-Seiten sehen oft den echten Webseiten sehr ähnlich und versuchen, persönliche Informationen und Zugangsdaten abzufangen. Um sich zu schützen, sollten Sie folgende Maßnahmen ergreifen:

1. Offizielle Quellen: Verwenden Sie nur die offiziellen Webseiten der Börsen. Im Kapitel "Sicherheitslinks" dieses Buches finden Sie eine Liste der offiziellen Webseiten vertrauenswürdiger Krypto-Börsen.

2. Lesezeichen setzen: Setzen Sie ein Lesezeichen für die offizielle Webseite der Börse in Ihrem Browser, um sicherzustellen, dass Sie immer die richtige URL verwenden.

3. Phishing-Mails vermeiden: Seien Sie vorsichtig bei E-Mails, die scheinbar von Krypto-Börsen stammen und Links enthalten. Überprüfen Sie immer die Absenderadresse und besuchen Sie die Webseite direkt über Ihr Lesezeichen oder durch manuelle Eingabe der URL.

4. SSL-Zertifikat überprüfen: Achten Sie darauf, dass die Webseite ein gültiges SSL-Zertifikat hat. Die URL sollte mit „https://" beginnen, was anzeigt, dass die Verbindung sicher ist.

Ein Konto bei einer Krypto-Börse erstellen

Nachdem Sie eine vertrauenswürdige Börse ausgewählt haben, können Sie ein Konto erstellen. Der Prozess beinhaltet in der Regel folgende Schritte:

1. Registrierung: Besuchen Sie die offizielle Webseite der Börse und registrieren Sie sich mit Ihrer E-Mail-Adresse und einem sicheren Passwort.

2. Verifizierung: Viele Börsen verlangen eine Identitätsverifizierung
(KYC - Know Your Customer). Laden Sie die erforderlichen
Dokumente hoch, wie z.B. einen Personalausweis oder einen
Reisepass.

3. Einzahlung: Nach der Verifizierung können Sie Geld auf Ihr Konto
einzahlen. Die meisten Börsen akzeptieren Banküberweisungen,
Kreditkarten oder andere Zahlungsmethoden.

4. Handel: Sobald Ihr Konto aufgeladen ist, können Sie mit dem Kauf
und Verkauf von Kryptowährungen beginnen. Achten Sie darauf, Ihre
Sicherheitsmaßnahmen immer aktuell zu halten.

Sicherheitsvorkehrungen

Zusätzlich zur Nutzung offizieller Webseiten sollten Sie weitere
Sicherheitsvorkehrungen treffen:

1. Starke Passwörter: Verwenden Sie ein starkes, einzigartiges
Passwort für Ihr Konto und ändern Sie es regelmäßig.

2. Zwei-Faktor-Authentifizierung (2FA): Aktivieren Sie 2FA, um eine
zusätzliche Sicherheitsebene zu schaffen. Dies erfordert, dass Sie
neben Ihrem Passwort einen zweiten Code eingeben, der in Echtzeit
generiert wird.

3. Regelmäßige Überprüfungen: Überprüfen Sie regelmäßig Ihr
Konto auf verdächtige Aktivitäten und melden Sie diese sofort der
Börse.

Die richtige Auswahl und sichere Nutzung von Krypto-Börsen ist
entscheidend, um Ihre Investitionen zu schützen und erfolgreich im
Kryptowährung Markt zu agieren. Achten Sie stets darauf, die
offiziellen Webseiten der Börsen zu nutzen und folgen Sie den
Sicherheitslinks im Kapitel "Sicherheitslinks" dieses Buches, um
betrügerische Webseiten zu vermeiden. Indem Sie diese

Maßnahmen befolgen, können Sie sicherstellen, dass Ihre Handelsaktivitäten sicher und geschützt sind.

4.2 Kauf deiner ersten Kryptowährung

Der Kauf von Kryptowährungen kann anfangs überwältigend erscheinen, ist jedoch ein relativ einfacher Prozess, wenn man die richtigen Schritte kennt. Im Folgenden wird der Ablauf beschrieben, wie du deine erste Kryptowährung erwerben kannst, und es werden die Unterschiede zwischen zentralisierten (CEX) und dezentralisierten Börsen (DEX) erklärt.

Schritt-für-Schritt-Anleitung zum Kauf von Kryptowährungen

1. Wähle eine zentrale Krypto-Börse (CEX)

- Registrierung: Wähle eine etablierte, zentrale Krypto-Börse wie Binance, Coinbase oder Bitget. Diese Börsen bieten eine benutzerfreundliche Oberfläche und sind ideal für Einsteiger. Besuche die offizielle Webseite (Kapitel Sicherheitslinks beachten) der Börse und registriere dich mit deiner E-Mail-Adresse und einem sicheren Passwort.

 - Verifizierung: Die meisten CEX-Plattformen verlangen eine Identitätsverifizierung (KYC - Know Your Customer). Lade die erforderlichen Dokumente wie einen Personalausweis oder Reisepass hoch, um dein Konto zu verifizieren.

2. Einzahlung von Fiat-Geld

- Kontoaufbau: Nach der Verifizierung kannst du Geld auf dein Konto einzahlen. Die meisten Börsen akzeptieren Banküberweisungen, Kreditkarten oder andere Zahlungsmethoden. Wähle die Methode aus, die dir am besten passt, und folge den Anweisungen zur Einzahlung.

3. Kauf von Kryptowährungen

- Wähle die Kryptowährung: Nach der Einzahlung kannst du die
gewünschte Kryptowährung auswählen. Gehe zum Handelsbereich
der Börse, suche nach der Kryptowährung, die du kaufen möchtest
(z.B. Bitcoin oder Ethereum), und wähle den Handelsmarkt aus.
- Platzierung der Bestellung: Du kannst eine Kauforder aufgeben.
Wähle den Betrag, den du kaufen möchtest, und gib den Preis an,
den du kaufen möchtest. Es gibt verschiedene Arten von Orders,
darunter Market Orders (Kauf zum aktuellen Marktpreis) und Limit
Orders (Kauf zu einem festgelegten Preis).

- Bestätigung: Überprüfe die Details deiner Bestellung und bestätige
den Kauf. Die Kryptowährung wird deinem Konto gutgeschrieben,
und du kannst sie nun verwalten.

4. Übertragung auf ein Wallet

- Hot Wallet (Börsen-Wallet): Die meisten zentralen Börsen bieten
ein internes Wallet für die Aufbewahrung von Kryptowährungen. Dies
ist praktisch für den schnellen Handel, birgt jedoch
Sicherheitsrisiken, da die Börse Ziel von Hackern werden kann. Du
kannst deine Kryptowährungen auf einem Hot Wallet der Börse
belassen, aber es wird empfohlen, sie regelmäßig auf ein sichereres
Cold Wallet zu transferieren.

- Cold Wallet (Private Wallet): Für langfristige Aufbewahrung
empfiehlt es sich, die Kryptowährungen auf ein Cold Wallet zu
übertragen. Cold Wallets, wie Hardware-Wallets oder Paper-Wallets,
sind nicht mit dem Internet verbunden und bieten daher eine höhere
Sicherheit gegen Diebstahl und Hacking.

Kauf über eine dezentrale Börse (DEX)

- Wahl der DEX: Dezentrale Börsen wie Uniswap oder Raydium
ermöglichen den Handel ohne Zwischenhändler. Sie erfordern, dass
du ein Wallet (z.B. MetaMask) mit der DEX verbindest, um
Transaktionen durchzuführen.

- Verbinde dein Wallet: Installiere ein kompatibles Wallet, richte es ein und verbinde es mit der DEX. Dies geschieht in der Regel durch das Einloggen in der DEX-Plattform und die Verbindung deines Wallets über ein Browser-Plugin oder eine mobile App.
- Tausch von Kryptowährungen: Auf einer DEX kannst du Kryptowährungen direkt gegen andere Kryptowährungen tauschen. Wähle die Kryptowährung, die du kaufen möchtest, und den Betrag. Die Transaktion wird direkt von deinem Wallet aus durchgeführt.

- Transaktionsgebühren: Beachte, dass bei DEX-Plattformen Transaktionsgebühren auf der jeweiligen Blockchain anfallen können (z.B. Ethereum Gas Fees).

Zusammenfassung

Der Kauf deiner ersten Kryptowährung beginnt mit der Auswahl einer vertrauenswürdigen zentralen Börse (CEX), der Einzahlung von Fiat-Geld und dem Platzieren eines Kaufauftrags. Für sichere langfristige Aufbewahrung solltest du deine Kryptowährungen auf ein Cold Wallet übertragen. Wenn du eine dezentrale Börse (DEX) nutzt, erfolgt der Handel direkt über dein Wallet und ohne Zwischenhändler. Dadurch entstehen aber auch mehr Risiken, du kannst Scam Token erhalten, die beim Handel dein ganzes Wallet leer räumen können. Für den Anfang ist es sicherer, auf einer CEX zu handeln, um erstmal ein Gefühl für Kryptowährungen und den Handel damit zu bekommen.

Indem du diese Schritte befolgst und die richtigen Sicherheitsvorkehrungen triffst, kannst du sicher und effektiv in die Welt der Kryptowährungen eintauchen.

4.3 Sichere Aufbewahrung: Hot Wallet vs. Cold Wallet

Die sichere Aufbewahrung von Kryptowährungen ist entscheidend, um deine digitalen Vermögenswerte vor Diebstahl und Verlust zu schützen. Es gibt zwei Haupttypen von Wallets, die zur Aufbewahrung von Kryptowährungen verwendet werden: Hot Wallets und Cold Wallets. Beide haben ihre eigenen Vor- und Nachteile, und es ist wichtig zu verstehen, wie sie funktionieren und wann du welche verwenden solltest.

Hot Wallets

Hot Wallets sind digitale Wallets, die mit dem Internet verbunden sind. Sie sind einfach zu verwenden und bieten schnellen Zugriff auf deine Kryptowährungen, was sie ideal für den täglichen Gebrauch und häufige Transaktionen macht. Es gibt verschiedene Arten von Hot Wallets:

1. Web-Wallets: Diese Wallets sind über den Browser zugänglich und oft in Krypto-Börsen integriert. Beispiele sind Coinbase und Binance Wallets.

2. Mobile Wallets: Diese Wallets sind Apps auf deinem Smartphone, wie Trust Wallet oder MetaMask, und bieten unterwegs einfachen Zugang zu deinen Kryptowährungen.

3. Desktop Wallets: Diese Wallets sind Programme, die auf deinem Computer installiert sind, wie Exodus oder Electrum.

Vorteile von Hot Wallets:
- Benutzerfreundlich: Einfach zu bedienen und bietet schnellen Zugriff auf deine Kryptowährungen.
- Flexibilität: Ideal für häufige Transaktionen und den täglichen Gebrauch.
- Integration: Oft in Krypto-Börsen integriert, was den Handel erleichtert.

Nachteile von Hot Wallets:
- Sicherheitsrisiken: Da sie mit dem Internet verbunden sind, sind sie anfälliger für Hackerangriffe und Malware.
- Verwundbarkeit: Phishing-Angriffe und andere Online-Betrugsmaschen können ebenfalls eine Bedrohung darstellen.

Cold Wallets

Cold Wallets sind physische Geräte oder Papierdokumente, die nicht mit dem Internet verbunden sind. Sie bieten eine höhere Sicherheit und sind ideal für die langfristige Aufbewahrung großer Mengen an Kryptowährungen. Es gibt verschiedene Arten von Cold Wallets:
1. Hardware Wallets: Diese sind spezielle Geräte, die deine privaten Schlüssel offline speichern, wie Ledger oder Trezor.

2. Paper Wallets: Diese Wallets bestehen aus einem ausgedruckten Stück Papier, auf dem deine öffentlichen und privaten Schlüssel verzeichnet sind.

Vorteile von Cold Wallets:
- Sicherheit: Da sie offline sind, sind sie immun gegen Hackerangriffe und Malware.
- Langfristige Aufbewahrung: Ideal für die sichere Aufbewahrung großer Mengen an Kryptowährungen über längere Zeiträume.

Nachteile von Cold Wallets:
- Weniger zugänglich: Der Zugriff auf deine Kryptowährungen ist langsamer und umständlicher.
- Risiko von Verlust oder Beschädigung: Wenn das Gerät oder Papier verloren geht oder beschädigt wird und keine Sicherung vorhanden ist, sind die Kryptowährungen unwiederbringlich verloren.

Wann solltest du welches Wallet verwenden?

- Hot Wallet: Verwende ein Hot Wallet für den täglichen Gebrauch und kleinere Beträge, die du für Transaktionen oder Handel benötigst. Sie bieten Komfort und einfachen Zugriff, sind jedoch weniger sicher.

- Cold Wallet: Verwende ein Cold Wallet für die langfristige Aufbewahrung großer Mengen an Kryptowährungen. Sie bieten den besten Schutz vor Online-Bedrohungen, erfordern jedoch zusätzliche Schritte für den Zugriff auf deine Gelder.

Sicherheitsvorkehrungen für beide Wallets:

- Backups erstellen: Erstelle regelmäßig Backups deiner Wallets, besonders deiner privaten Schlüssel und Seed Phrases, und bewahre diese an einem sicheren Ort auf.
- Zwei-Faktor-Authentifizierung (2FA): Aktiviere 2FA, um eine zusätzliche Sicherheitsebene für dein Hot Wallet zu schaffen.
- Vorsicht bei Phishing: Achte darauf, nur offizielle Webseiten und Wallet-Software zu verwenden und sei vorsichtig bei verdächtigen E-Mails oder Links.

Indem du verstehst, wie Hot Wallets und Cold Wallets funktionieren und welche Vor- und Nachteile sie haben, kannst du deine Kryptowährungen sicher aufbewahren und schützen. Die Kombination aus beiden Wallet-Typen bietet dir die notwendige Flexibilität und Sicherheit, um deine digitalen Vermögenswerte effektiv zu verwalten.

Kapitel 5: Strategien für den erfolgreichen Handel

5.1 Risikomanagement

Risikomanagement ist ein zentraler Aspekt beim Handel und Investieren in Kryptowährungen. Da der Krypto Markt für seine hohe Volatilität bekannt ist, ist es besonders wichtig, Strategien zu entwickeln, die deine Investitionen schützen und potenzielle Verluste minimieren. In diesem Kapitel werden grundlegende Prinzipien und Techniken des Risikomanagements vorgestellt, die dir helfen können, deine Investitionen sicher und effektiv zu verwalten.

1. Diversifikation

Diversifikation bedeutet, deine Investitionen auf verschiedene Vermögenswerte zu verteilen, anstatt alles auf eine Karte zu setzen. Durch die Diversifikation kannst du das Risiko mindern, da Verluste in einem Bereich durch Gewinne in einem anderen ausgeglichen werden können.

- Kryptowährungen: Investiere in eine Vielzahl von Kryptowährungen, anstatt dein gesamtes Kapital in eine einzige Währung zu stecken. Wähle dabei sowohl etablierte Coins wie Bitcoin und Ethereum als auch vielversprechende Altcoins.
- Andere Anlageklassen: Ziehe auch Investitionen in andere Anlageklassen wie Aktien, Anleihen oder Immobilien in Betracht, um dein Risiko weiter zu streuen.

2. Setze ein Budget und halte dich daran

Lege von Anfang an fest, wie viel Kapital du in Kryptowährungen investieren möchtest, und halte dich strikt an dieses Budget. Investiere nur Geld, dessen Verlust du dir leisten kannst, ohne deine finanzielle Stabilität zu gefährden.

3. Stop-Loss-Orders verwenden

Eine Stop-Loss-Order ist ein automatischer Handelsauftrag, der ausgeführt wird, sobald der Preis einer Kryptowährung einen bestimmten Wert erreicht. Durch den Einsatz von Stop-Loss-Orders kannst du Verluste begrenzen, indem du sicher stellst, dass deine Position automatisch verkauft wird, bevor die Verluste zu groß werden.

4. Gewinnmitnahmen planen

Es ist wichtig, nicht nur Verluste zu begrenzen, sondern auch Gewinne zu sichern. Lege im Voraus fest, bei welchem Preisniveau du einen Teil deiner Position verkaufen möchtest, um Gewinne zu realisieren. Dies verhindert, dass du von der Gier überwältigt wirst und Gewinne wieder verlierst.

5. Recherchieren und informiert bleiben

Der Krypto Markt ändert sich ständig, und neue Entwicklungen können die Preise erheblich beeinflussen. Bleibe auf dem Laufenden über Markttrends, technologische Fortschritte und regulatorische Änderungen. Nutze vertrauenswürdige Informationsquellen und vermeide Entscheidungen basierend auf Hype oder Gerüchten.

6. Vermeide emotionale Entscheidungen

Emotionen wie Angst und Gier können zu impulsiven Entscheidungen führen, die oft nicht im Interesse deiner Investitionen sind. Entwickle eine Handelsstrategie und halte dich daran, unabhängig von kurzfristigen Marktbewegungen. Disziplin und Geduld sind entscheidend für den langfristigen Erfolg.

7. Verwende nur vertrauenswürdige Plattformen

Handel und Aufbewahrung von Kryptowährungen sollten nur über vertrauenswürdige Plattformen und Wallets erfolgen. Achte darauf, dass die von dir genutzten Börsen und Wallets hohe

Sicherheitsstandards erfüllen und vermeide unbekannte oder schlecht bewertete Anbieter.

8. Schütze deine privaten Schlüssel und Wallets

Die Sicherheit deiner privaten Schlüssel und Wallets ist von größter Bedeutung. Verwende starke Passwörter, aktiviere Zwei-Faktor-Authentifizierung (2FA) und bewahre deine privaten Schlüssel sicher und offline auf. Ein Verlust oder Diebstahl deiner privaten Schlüssel bedeutet den unwiederbringlichen Verlust deiner Kryptowährungen.

9. Langfristige Perspektive einnehmen

Der Krypto Markt ist bekannt für seine kurzfristigen Preisschwankungen. Eine langfristige Perspektive kann helfen, über diese Volatilität hinwegzusehen und auf langfristige Trends zu setzen. Vermeide es, ständig auf kurzfristige Preisbewegungen zu reagieren, und fokussiere dich auf die fundamentale Entwicklung der von dir gehaltenen Kryptowährungen.

10. Lernende Haltung einnehmen

Risikomanagement ist ein kontinuierlicher Prozess des Lernens und Anpassens. Analysiere deine Handelsentscheidungen regelmäßig, lerne aus Fehlern und verbessere deine Strategien kontinuierlich. Der Krypto Markt ist dynamisch, und eine flexible und lernende Haltung wird dir helfen, erfolgreich zu sein.

Durch die Anwendung dieser Risikomanagement-Strategien kannst du deine Investitionen in Kryptowährungen besser schützen und deine Chancen auf langfristigen Erfolg erhöhen. Risikomanagement ist nicht nur eine Technik, sondern eine grundlegende Einstellung, die es dir ermöglicht, diszipliniert und informiert zu handeln.

5.2 Diversifikation: Warum du in verschiedene Kryptowährungen investieren solltest

Diversifikation ist eine der grundlegendsten und effektivsten Strategien im Risikomanagement, insbesondere im volatilen Kryptomarkt. Durch das Verteilen deiner Investitionen auf verschiedene Kryptowährungen kannst du das Risiko mindern und deine Chancen auf Rendite erhöhen. In diesem Kapitel erklären wir, warum Diversifikation wichtig ist und wie verschiedene Krypto-Narrative deine Investmententscheidungen beeinflussen können.

Warum Diversifikation wichtig ist

1. Risiko minimieren: Investitionen in verschiedene Kryptowährungen reduzieren das Risiko, dass ein einzelner Coin, der möglicherweise schlecht abschneidet, dein gesamtes Portfolio negativ beeinflusst. Durch die Streuung deiner Investitionen können Verluste in einem Bereich durch Gewinne in einem anderen ausgeglichen werden.

2. Chancen erhöhen: Verschiedene Kryptowährungen haben unterschiedliche Anwendungsfälle und Entwicklungspotenziale. Indem du in mehrere Projekte investierst, erhöhst du deine Chancen, von erfolgreichen und innovativen Entwicklungen zu profitieren.

3. Marktvolatilität ausgleichen: Der Kryptomarkt ist bekannt für seine hohen Schwankungen. Eine breite Diversifikation kann dazu beitragen, die Auswirkungen von plötzlichen Marktbewegungen auf dein Gesamtportfolio zu mildern.

Verschiedene Krypto-Narrative

Kryptowährungen haben sich über die Jahre hinweg weiterentwickelt und verschiedene Narrative sind entstanden, die unterschiedliche Anwendungsfälle und Zielsetzungen beschreiben. Hier sind einige der wichtigsten Krypto-Narrative, die du bei der Diversifikation deines Portfolios berücksichtigen solltest:

1. Digitales Gold (Bitcoin)
  - Narrative: Bitcoin wird oft als „digitales Gold" bezeichnet, da es als Wertaufbewahrungsmittel und Absicherung gegen Inflation angesehen wird.
  - Beispiel: Bitcoin (BTC) ist die erste und bekannteste Kryptowährung und wird aufgrund ihrer Knappheit und dezentralen Natur als sicherer Hafen betrachtet.

2. Smart Contracts (Ethereum)
  - Narrative: Smart Contract-Plattformen ermöglichen die Erstellung und Ausführung von dezentralen Anwendungen (DApps) und Verträgen ohne Zwischenhändler.
  - Beispiel: Ethereum (ETH) ist die führende Plattform für Smart Contracts und DApps, mit einer Vielzahl von Anwendungsfällen in verschiedenen Branchen.

3. Dezentrale Finanzen (DeFi)
  - Narrative: DeFi-Plattformen bieten traditionelle Finanzdienstleistungen wie Kredite, Handel und Zinsen auf Kryptowährungen, aber ohne zentrale Vermittler.
  - Beispiele: Uniswap (UNI), Aave (AAVE) und Compound (COMP) sind prominente Projekte im DeFi-Bereich.

4. Interoperabilität (Polkadot, Cosmos)
  - Narrative: Interoperabilitäts Projekte zielen darauf ab, verschiedene Blockchains miteinander zu verbinden, um Daten- und Werte Transfers zwischen ihnen zu ermöglichen.
  - Beispiele: Polkadot (DOT) und Cosmos (ATOM) sind führende Projekte, die an der Schaffung eines verbundenen Blockchain-Ökosystems arbeiten.

5. Schnelle und günstige Transaktionen (Solana, Avalanche)
  - Narrative: Diese Projekte konzentrieren sich auf die Bereitstellung schneller und kostengünstiger Transaktionen, um die Skalierbarkeitsprobleme traditioneller Blockchains zu lösen.
  - Beispiele: Solana (SOL) und Avalanche (AVAX) bieten hohe Transaktionsgeschwindigkeiten und niedrige Gebühren, was sie

attraktiv für Anwendungen macht, die eine hohe Durchsatzrate erfordern.

6. Stablecoins
   - Narrative: Stablecoins sind Kryptowährungen, die an den Wert eines traditionellen Vermögenswerts (wie USD) gebunden sind und als stabile Wertaufbewahrungsmittel dienen.
   - Beispiele: Tether (USDT), USD Coin (USDC) und DAI sind weit verbreitete Stablecoins, die oft als Brücke zwischen Kryptowährungen und Fiat-Währungen genutzt werden.

7. Privacy Coins
   - Narrative: Privacy Coins konzentrieren sich auf den Schutz der Privatsphäre und die Anonymität von Transaktionen.
   - Beispiele: Monero (XMR) und Zcash (ZEC) bieten erweiterte Datenschutzfunktionen, um die Identität der Nutzer und die Details ihrer Transaktionen zu verbergen.

Wie du diversifizieren kannst

1. Untersuche die Projekte: Recherchiere die verschiedenen Projekte und deren Anwendungsfälle, um zu verstehen, wie sie funktionieren und welches Potenzial sie haben.

2. Bewerte das Risiko: Berücksichtige das Risiko jedes Projekts. Neue und weniger bekannte Kryptowährungen können höhere Chancen, aber auch höhere Risiken bieten.

3. Setze Prioritäten: Lege fest, welche Kryptowährungen du in deinem Portfolio priorisieren möchtest, basierend auf deiner Risikobereitschaft und deinen Anlagezielen.

4. Überwache dein Portfolio: Diversifikation ist kein einmaliger Vorgang. Überwache regelmäßig die Leistung deines Portfolios und passe deine Investitionen entsprechend den Marktbedingungen und neuen Entwicklungen an.

Durch die Diversifikation deines Portfolios über verschiedene Kryptowährungen und Krypto-Narrative hinweg kannst du das Risiko verringern und deine Chancen auf positive Renditen erhöhen. Indem du in verschiedene Anwendungsfälle und Technologien investierst, profitierst du von der Vielfalt und Innovation im Kryptowährungssektor.

5.3 Langfristige vs. Kurzfristige Investition

Im Kryptowährung Markt, wie auch in anderen Finanzmärkten, gibt es unterschiedliche Anlagestrategien, die jeweils ihre eigenen Vor- und Nachteile haben. Zwei der wichtigsten Ansätze sind langfristige und kurzfristige Investitionen. In diesem Kapitel werden diese beiden Strategien erläutert, um dir zu helfen, diejenige auszuwählen, die am besten zu deinen Zielen und deinem Risikoprofil passt.

Langfristige Investition (HODLing)

Langfristige Investitionen, auch bekannt als "HODLing" (ein populärer Begriff in der Krypto-Community, der von einem Tippfehler von "hold" stammt), beziehen sich auf den Kauf und das Halten von Kryptowährungen über einen längeren Zeitraum, typischerweise Jahre. Diese Strategie basiert auf der Überzeugung, dass die zugrunde liegenden Technologien und Projekte langfristig im Wert steigen werden.

Vorteile der langfristigen Investition:

1. Reduzierte Volatilität: Langfristige Investoren müssen sich weniger um kurzfristige Preisschwankungen kümmern, da sie auf die langfristige Wertentwicklung setzen.

2. Potenzial für hohe Renditen: Wenn sich die zugrunde liegenden Projekte erfolgreich entwickeln, können langfristige Investitionen erhebliche Gewinne bringen.

3. Weniger Stress und Aufwand: Langfristiges Halten erfordert weniger ständige Überwachung und Handelsaktivitäten, was den emotionalen Stress und Aufwand reduziert.

4. Steuervorteile: In vielen Ländern können langfristige Investitionen steuerliche Vorteile bieten, wie niedrigere Kapitalertragsteuersätze auf Gewinne, die nach einer bestimmten Haltefrist realisiert werden.

Nachteile der langfristigen Investition:

1. Längere Kapitalbindung: Dein Kapital ist über einen längeren Zeitraum gebunden, was die Flexibilität einschränkt.

2. Risiko von Projekt Ausfällen: Wenn ein Projekt scheitert oder an Bedeutung verliert, können die Investitionen langfristig wertlos werden.

Kurzfristige Investition (Trading)

Kurzfristige Investitionen, oder Trading, beinhalten den Kauf und Verkauf von Kryptowährungen über kurze Zeiträume, oft innerhalb von Tagen, Wochen oder sogar Stunden. Diese Strategie zielt darauf ab, von kurzfristigen Preisbewegungen zu profitieren.

Vorteile der kurzfristigen Investition:

1. Schnelle Gewinne: Kurzfristiges Trading bietet die Möglichkeit, schnell Gewinne zu realisieren, wenn du in der Lage bist, Marktbewegungen richtig vorherzusagen.

2. Flexibilität: Du kannst schnell auf Marktveränderungen reagieren und dein Kapital entsprechend umschichten.

3. Nutzung von Volatilität: Da der Krypto Markt sehr volatil ist, bieten sich oft zahlreiche Handelsmöglichkeiten.

Nachteile der kurzfristigen Investition:

1. Höheres Risiko: Kurzfristiges Trading ist riskanter, da Marktbewegungen schwer vorherzusagen sind und Verluste schnell auftreten können.

2. Hoher Zeitaufwand: Erfolgreiches Trading erfordert ständige Marktbeobachtung und Analyse, was sehr zeitaufwendig sein kann.

3. Emotionale Belastung: Die Volatilität des Marktes kann emotional belastend sein, da häufige Preisbewegungen zu Stress und impulsiven Entscheidungen führen können.

4. Transaktionsgebühren: Häufiges Handeln kann zu hohen Transaktionsgebühren führen, die die Gewinne schmälern.

Welcher Ansatz ist der richtige für dich?

Die Wahl zwischen langfristiger und kurzfristiger Investition hängt von verschiedenen Faktoren ab:

1. Risikobereitschaft: Wenn du bereit bist, höhere Risiken einzugehen, könnte kurzfristiges Trading attraktiv sein. Wenn du jedoch ein vorsichtiger Investor bist, ist langfristiges Halten möglicherweise besser geeignet.

2. Zeit und Engagement: Kurzfristiges Trading erfordert erheblichen Zeitaufwand und kontinuierliche Marktbeobachtung. Wenn du nicht die Zeit oder das Interesse hast, könnte eine langfristige Strategie sinnvoller sein.

3. Finanzielle Ziele: Überlege dir, was du mit deinen Investitionen erreichen möchtest. Wenn du nach schnellen Gewinnen suchst, könnte Trading der richtige Weg sein. Wenn du jedoch an die langfristige Wertsteigerung von Kryptowährungen glaubst, ist HODLing möglicherweise die bessere Option.

4. Marktkenntnis und Erfahrung: Kurzfristiges Trading erfordert ein tiefes Verständnis der Märkte und technische Analysetools. Wenn du

neu in der Krypto Welt bist, kann eine langfristige Strategie weniger komplex und riskant sein.

Kombinierter Ansatz:

Viele Investoren nutzen eine Kombination aus beiden Strategien, um das Beste aus beiden Welten zu nutzen. Ein Teil des Portfolios kann langfristig gehalten werden, während ein anderer Teil für kurzfristige Handelsmöglichkeiten genutzt wird. Dies ermöglicht es, von langfristigen Trends zu profitieren und gleichzeitig kurzfristige Gewinne zu realisieren.

Egal, für welche Strategie du dich entscheidest, es ist wichtig, dass du eine klare Strategie hast und diese konsequent verfolgst. Beide Ansätze haben ihre Vor- und Nachteile, und die Wahl hängt von deinen individuellen Zielen, deiner Risikobereitschaft und deinem Engagement ab.

Kapitel 6: Praktische Anwendungen von Kryptowährungen

6.1 Kryptowährungen als Zahlungsmittel

Kryptowährungen haben in den letzten Jahren nicht nur als Anlageobjekte an Popularität gewonnen, sondern auch als Zahlungsmittel. Sie bieten eine alternative Möglichkeit, für Waren und Dienstleistungen zu bezahlen, die sich durch einige wesentliche Vorteile von traditionellen Zahlungsmethoden abhebt. In diesem Kapitel werden die verschiedenen Aspekte der Nutzung von Kryptowährungen als Zahlungsmittel erläutert.

Vorteile von Kryptowährungen als Zahlungsmittel

1. Dezentralisierung und Unabhängigkeit
   - Kryptowährungen wie Bitcoin und Ethereum basieren auf dezentralen Netzwerken, die unabhängig von zentralen Behörden oder Banken operieren. Dies bedeutet, dass Transaktionen direkt zwischen den Beteiligten stattfinden, ohne die Notwendigkeit eines Vermittlers.

2. Geringere Transaktionskosten
   - Im Vergleich zu traditionellen Zahlungsmethoden, die oft hohe Gebühren für internationale Überweisungen oder Kreditkartentransaktionen erheben, können Kryptowährungen niedrigere Transaktionskosten bieten. Dies ist besonders vorteilhaft für grenzüberschreitende Zahlungen.

3. Schnellere Transaktionen
   - Kryptowährungstransaktionen können schneller abgewickelt werden als traditionelle Banküberweisungen, die mehrere Tage in Anspruch nehmen können. Insbesondere bei internationalen Zahlungen sind Kryptowährungen oft deutlich schneller.

4. Erhöhte Sicherheit
   - Transaktionen mit Kryptowährungen sind durch kryptographische Techniken gesichert. Dies macht es schwieriger für Betrüger, Transaktionen zu manipulieren oder zu fälschen. Zudem bieten

einige Kryptowährungen zusätzliche Datenschutzfunktionen, die die Anonymität der Nutzer schützen.

Nutzung von Kryptowährungen als Zahlungsmittel

1. Online-Handel
- Viele Online-Händler akzeptieren mittlerweile Kryptowährungen als Zahlungsmittel. Plattformen wie Overstock, Newegg und Etsy ermöglichen es Kunden, mit Bitcoin und anderen Kryptowährungen zu bezahlen. Dies bietet eine bequeme Alternative zu traditionellen Zahlungsmethoden und kann zusätzliche Kundengruppen ansprechen.

2. Physische Geschäfte
- Auch im stationären Handel setzen immer mehr Geschäfte auf Kryptowährungen. Von Restaurants über Cafés bis hin zu Einzelhandelsgeschäften – die Akzeptanz wächst. Zahlungsprozessoren wie BitPay und Coinbase Commerce erleichtern es Händlern, Kryptowährungen zu akzeptieren und diese bei Bedarf sofort in Fiat-Währungen umzuwandeln.

3. Reise und Tourismus
- In der Reisebranche werden Kryptowährungen zunehmend als Zahlungsmittel akzeptiert. Reisebüros, Fluggesellschaften und Hotels ermöglichen es Kunden, ihre Dienstleistungen mit Bitcoin und anderen Kryptowährungen zu bezahlen. Dies kann besonders für internationale Reisende attraktiv sein, die Wechselkursgebühren und Bankgebühren vermeiden möchten.

4. Geldüberweisungen und Überweisungen
- Kryptowährungen bieten eine effiziente Möglichkeit, Geld international zu überweisen. Durch den Wegfall von Zwischenhändlern und die geringeren Transaktionskosten können Kryptowährungen besonders für Menschen in Entwicklungsländern von Vorteil sein, die sonst hohe Gebühren für Überweisungen zahlen müssen.

Herausforderungen und Bedenken

1. Volatilität
   - Eine der größten Herausforderungen bei der Nutzung von Kryptowährungen als Zahlungsmittel ist ihre Volatilität. Die Kurse von Kryptowährungen können stark schwanken, was sowohl für Händler als auch für Kunden Unsicherheit mit sich bringt. Einige Händler nutzen daher Stablecoins, die an den Wert von Fiat-Währungen gekoppelt sind, um dieses Risiko zu minimieren.

2. Regulatorische Unsicherheit
   - Die Regulierung von Kryptowährungen variiert weltweit stark und kann sich schnell ändern. Dies schafft Unsicherheit für Händler, die Kryptowährungen akzeptieren möchten, und kann zu zusätzlichen Compliance-Kosten führen.

3. Akzeptanz und Bewusstsein
   - Trotz der wachsenden Akzeptanz sind Kryptowährungen noch nicht weit verbreitet. Viele Verbraucher und Händler sind sich der Vorteile und der Funktionsweise von Kryptowährungen nicht bewusst oder haben Bedenken hinsichtlich der Sicherheit und Legalität.

4. Technische Hürden
   - Die Nutzung von Kryptowährungen erfordert ein gewisses technisches Verständnis, sowohl auf Seiten der Händler als auch der Kunden. Wallets, private Schlüssel und Transaktionsgebühren können für weniger technisch versierte Nutzer abschreckend wirken.

Zukunftsperspektiven

Die Nutzung von Kryptowährungen als Zahlungsmittel hat das Potenzial, die Art und Weise, wie wir Transaktionen durchführen, grundlegend zu verändern. Mit zunehmender Akzeptanz und technologischer Entwicklung könnten Kryptowährungen in Zukunft eine noch wichtigere Rolle im globalen Zahlungssystem spielen. Die Einführung von Technologien wie Lightning Network für Bitcoin, die Transaktionen schneller und günstiger machen, könnte die Akzeptanz weiter fördern.

Kryptowährungen bieten eine spannende Alternative zu traditionellen Zahlungsmethoden mit vielen Vorteilen, aber auch Herausforderungen. Während sie sich weiterentwickeln und reifen, wird ihre Rolle als Zahlungsmittel wahrscheinlich wachsen und neue Möglichkeiten für Händler und Verbraucher eröffnen.

6.2 Dezentralisierte Finanzdienstleistungen (DeFi)

Dezentralisierte Finanzdienstleistungen, kurz DeFi, sind eines der aufregendsten und am schnellsten wachsenden Segmente der Kryptowährungsbranche. DeFi nutzt die Blockchain-Technologie, um traditionelle Finanzdienstleistungen wie Kreditvergabe, Handel und Versicherungen ohne zentrale Vermittler zu ermöglichen. Hier sind die wichtigsten Aspekte und Vorteile von DeFi, einfach erklärt:

Was ist DeFi?

DeFi steht für "Decentralized Finance" und umfasst eine Vielzahl von Finanzdienstleistungen, die auf dezentralen Netzwerken, hauptsächlich auf der Ethereum-Blockchain, basieren. Diese Dienste werden durch sogenannte Smart Contracts automatisiert, die selbst ausführende Verträge sind, deren Bedingungen direkt in Code geschrieben sind.

Vorteile von DeFi:

1. Zugänglichkeit:
   - DeFi-Dienste sind weltweit verfügbar und benötigen nur einen Internetzugang. Dies ermöglicht es Menschen ohne Zugang zu traditionellen Banken, an finanziellen Aktivitäten teilzunehmen.

2. Transparenz:
   - Alle Transaktionen und Smart Contracts auf der Blockchain sind öffentlich einsehbar, was eine hohe Transparenz und Nachprüfbarkeit sicherstellt.

3. Dezentralisierung:
  - Es gibt keine zentrale Kontrollinstanz, was das Risiko von
Korruption und Manipulation verringert. Nutzer haben die volle
Kontrolle über ihre Gelder.

4. Geringere Kosten:
  - Durch den Wegfall von Vermittlern können DeFi-Dienste oft
günstiger sein als traditionelle Finanzdienstleistungen.

Wichtige DeFi-Anwendungen:

1. Kreditvergabe und -aufnahme:
  - Plattformen wie Aave und Compound ermöglichen es Nutzern,
Kryptowährungen zu verleihen und dafür Zinsen zu erhalten, oder
Kryptowährungen gegen Zinsen zu leihen. Dies geschieht
automatisch und ohne Kreditprüfung.

2. Dezentrale Börsen (DEX):
  - Plattformen wie Uniswap und SushiSwap erlauben den Handel
von Kryptowährungen direkt zwischen Nutzern, ohne zentrale
Börsen. Dies erhöht die Sicherheit und senkt die Handelskosten.

3. Stablecoins:
  - Kryptowährungen wie DAI sind an den Wert einer Fiat-Währung
gekoppelt und bieten Stabilität, was sie für Transaktionen und
Sparen attraktiv macht.

4. Versicherungen:
  - DeFi-Versicherungsplattformen wie Nexus Mutual bieten
Versicherungsschutz gegen verschiedene Risiken in der Krypto-Welt,
von Smart Contract-Fehlern bis hin zu Hackerangriffen.

Herausforderungen und Risiken:

1. Sicherheitsbedenken:
  - Smart Contracts sind anfällig für Fehler und Hacks, was zu
finanziellen Verlusten führen kann. Es ist wichtig, nur
vertrauenswürdige und geprüfte DeFi-Projekte zu nutzen.

2. Regulatorische Unsicherheit:
 - DeFi operiert oft in rechtlichen Grauzonen, und regulatorische Änderungen könnten die Nutzung und Entwicklung dieser Dienste beeinflussen.

3. Komplexität:
 - Die Nutzung von DeFi-Diensten erfordert ein gewisses technisches Verständnis und kann für Neulinge überwältigend sein.

Zukunftsperspektiven:

DeFi hat das Potenzial, das Finanzsystem grundlegend zu verändern, indem es effizientere, transparentere und zugänglichere Finanzdienstleistungen bietet. Mit der Weiterentwicklung der Technologie und der zunehmenden Akzeptanz könnten DeFi-Anwendungen in den nächsten Jahren eine noch größere Rolle in der globalen Finanz Landschaft spielen.

Dezentralisierte Finanzdienstleistungen bieten eine innovative und vielversprechende Alternative zu traditionellen Finanzsystemen. Sie eröffnen neue Möglichkeiten für finanzielle Inklusion, Transparenz und Effizienz, bringen aber auch Herausforderungen mit sich, die es zu bewältigen gilt.

6.3 Initial Coin Offerings (ICOs) und Token Sales

Initial Coin Offerings (ICOs) und Token Sales sind Methoden, mit denen Krypto-Projekte Kapital beschaffen. Diese Finanzierungsformen haben seit 2017 erheblich an Bedeutung gewonnen, bieten aber sowohl Chancen als auch Risiken für Investoren. In diesem Kapitel erklären wir, was ICOs und Token Sales sind, wie sie funktionieren und welche Risiken damit verbunden sind.

Was sind ICOs und Token Sales?

1. ICOs (Initial Coin Offerings):
 - Ein ICO ist eine Crowdfunding-Methode, bei der ein neues Krypto-Projekt einen Teil seiner Kryptowährung oder Tokens an frühe Unterstützer verkauft, um Kapital für die Entwicklung des Projekts zu sammeln. Investoren erhalten im Gegenzug neu ausgegebene Tokens, die sie später auf Kryptowährungsbörsen handeln können.

2. Token Sales:
 - Token Sales ähneln ICOs, sind aber oft stärker reguliert und strukturiert. Während bei einem ICO Tokens direkt an die Öffentlichkeit verkauft werden, können Token Sales in verschiedenen Phasen stattfinden, z.B. durch private Verkäufe an institutionelle Investoren und öffentliche Verkäufe an Kleinanleger.

Wie funktionieren ICOs und Token Sales?

- Whitepaper: Ein Krypto-Projekt veröffentlicht ein Whitepaper, das die Ziele, Technologie, Team und Roadmap des Projekts detailliert beschreibt. Das Whitepaper dient als Hauptdokument für potenzielle Investoren.

- Token-Erstellung: Das Projekt erstellt Tokens auf einer Blockchain-Plattform (meistens Ethereum) und legt fest, wie viele Tokens verkauft und wie viele für das Team und zukünftige Entwicklungen reserviert werden.

- Vorverkauf: Einige Projekte führen einen Vorverkauf oder Pre-ICO durch, bei dem Tokens zu einem vergünstigten Preis an frühe Investoren verkauft werden.

- Hauptverkauf: Der Hauptverkauf erfolgt oft über die Website des Projekts, wobei Investoren Tokens im Austausch für etablierte Kryptowährungen wie Bitcoin oder Ethereum erwerben können.

Vorteile von ICOs und Token Sales:

1. Zugang zu Frühphasen-Investitionen: Investoren haben die Möglichkeit, in innovative Projekte zu investieren, bevor diese auf dem Markt etabliert sind.

2. Hohe Renditechancen: Frühphasen-Investitionen in erfolgreiche Projekte können erhebliche Renditen bringen, wenn die Tokens an Wert gewinnen.

3. Förderung von Innovation: ICOs und Token Sales ermöglichen es neuen Projekten, schnell Kapital zu beschaffen und ihre Ideen umzusetzen, was die technologische Innovation fördert.

Risiken von ICOs und Token Sales:

1. Regulatorische Unsicherheit:
   - Viele Länder haben keine klaren Regulierungen für ICOs, was zu rechtlichen Unsicherheiten führen kann. Einige Regierungen haben ICOs sogar verboten oder stark reguliert.

2. Betrug und Scams:
   - Der ICO-Markt ist anfällig für Betrug, da es schwierig sein kann, die Seriosität eines Projekts zu überprüfen. Es gab zahlreiche Fälle, in denen Betrüger ICOs gestartet und anschließend mit dem eingesammelten Geld verschwunden sind.

3. Mangelnde Transparenz:
   - Nicht alle Projekte sind transparent in Bezug auf ihre Finanzen, Entwicklungsfortschritte und Teammitglieder. Investoren müssen oft auf die Angaben der Projektbetreiber vertrauen, die nicht immer verifiziert werden können.

4. Hohe Volatilität:
   - Der Wert von Tokens kann stark schwanken, was zu erheblichen Verlusten führen kann. Investitionen in ICOs sind daher hochspekulativ.

5. Unklare Geschäftsmodelle:

- Viele Projekte haben innovative, aber ungetestete Geschäftsmodelle. Es gibt keine Garantie, dass ein Projekt erfolgreich sein wird oder dass die Tokens einen Nutzen oder Wert haben werden.

Wie man sich vor Risiken schützt:

1. Sorgfältige Recherche: Informiere dich gründlich über das Projekt, das Team und die Technologie. Lies das Whitepaper und suche nach unabhängigen Meinungen und Bewertungen.

2. Überprüfe die Legalität: Stelle sicher, dass das ICO oder der Token Sale in Übereinstimmung mit den Gesetzen deines Landes durchgeführt wird. Sei dir der regulatorischen Risiken bewusst.

3. Diversifikation: Investiere nicht dein gesamtes Kapital in ein einziges ICO oder Token Sale. Diversifiziere deine Investitionen, um das Risiko zu streuen.

4. Vorsicht bei Versprechungen: Sei vorsichtig bei Projekten, die unrealistische Renditen oder schnelle Gewinne versprechen. Seriöse Projekte kommunizieren offen über Risiken und Herausforderungen.

5. Technisches Verständnis: Verstehe die Technologie hinter dem Projekt und die Verwendung der Tokens. Technische Aspekte wie die Sicherheit der Smart Contracts und die Skalierbarkeit der Blockchain sind entscheidend.

ICOs und Token Sales bieten spannende Möglichkeiten, in die Zukunft der Blockchain-Technologie zu investieren. Gleichzeitig sind sie mit erheblichen Risiken verbunden, die sorgfältig abgewogen werden müssen. Durch gründliche Recherche und ein Bewusstsein für die potenziellen Fallstricke können Investoren fundierte Entscheidungen treffen und das Potenzial dieser neuen Finanzierungsformen besser nutzen.

Kapitel 7: Möglichkeiten durch Krypto-ETFs

7.1 Was sind Krypto-ETFs?

Ein Exchange Traded Fund (ETF) ist ein börsengehandelter Fonds, der eine Reihe von Vermögenswerten wie Aktien, Anleihen oder Rohstoffe in einem einzigen Anlageprodukt bündelt. Krypto-ETFs funktionieren ähnlich, jedoch investieren sie hauptsächlich in Kryptowährungen oder in Unternehmen, die in der Krypto-Industrie tätig sind. Diese Finanzprodukte bieten eine regulierte und einfach zugängliche Möglichkeit, in den Kryptowährungsmarkt zu investieren, ohne die digitalen Vermögenswerte direkt zu besitzen.

Bereits existierende Krypto-ETFs

1. Purpose Bitcoin ETF (BTCC):
   - Der Purpose Bitcoin ETF war der erste physisch gesicherte Bitcoin-ETF, der in Nordamerika zugelassen wurde. Er wird an der Toronto Stock Exchange (TSX) gehandelt und bietet Anlegern die Möglichkeit, in Bitcoin zu investieren, ohne die Kryptowährung direkt zu kaufen und zu verwahren.

2. ProShares Bitcoin Strategy ETF (BITO):
   - Dieser ETF wurde in den USA zugelassen und investiert nicht direkt in Bitcoin, sondern in Bitcoin-Futures-Kontrakte. Er bietet eine Möglichkeit, an der Preisentwicklung von Bitcoin teilzuhaben, ist jedoch an die Performance von Futures-Märkten gekoppelt.

3. VanEck Bitcoin Strategy ETF (XBTF):
   - Ähnlich wie der ProShares ETF, investiert auch dieser ETF in Bitcoin-Futures-Kontrakte und bietet eine alternative Methode, um in Bitcoin zu investieren, ohne die Kryptowährung direkt zu halten.

4. ETC Group Physical Bitcoin (BTCE):
   - Gehandelt an der Deutschen Börse Xetra, ist BTCE ein physisch gesicherter Bitcoin-ETP (Exchange Traded Product), der europäischen Investoren Zugang zu Bitcoin bietet.
Krypto-ETFs in Entwicklung und Zukunftsperspektiven

1. Ethereum-ETFs:
- Nach dem Erfolg von Bitcoin-ETFs stehen Ethereum-ETFs im Fokus. Der Purpose Ether ETF (ETHH) in Kanada ist bereits zugelassen und investiert direkt in Ethereum. Es wird erwartet, dass in Zukunft weitere Ethereum-ETFs, einschließlich solcher auf dem US-Markt, folgen werden.

2. Multi-Krypto-ETFs:
- Diese ETFs sollen mehrere Kryptowährungen in einem einzigen Fonds bündeln, um eine breitere Diversifikation zu ermöglichen. Solche Produkte könnten Investitionen in eine Kombination aus Bitcoin, Ethereum und anderen wichtigen Kryptowährungen umfassen.

3. Themenbasierte Krypto-ETFs:
- Es gibt Pläne für ETFs, die auf spezifische Sektoren innerhalb der Krypto-Industrie ausgerichtet sind, wie z.B. DeFi (Dezentrale Finanzen) oder NFTs (Non-Fungible Tokens). Diese Produkte könnten Anlegern ermöglichen, gezielt in innovative Bereiche des Krypto-Sektors zu investieren.

4. Futures-basierte und gehebelte Krypto-ETFs:
- Neben den bestehenden Futures-basierten ETFs wie BITO und XBTF könnten in Zukunft weitere Produkte auf den Markt kommen, die sowohl Long- als auch Short-Positionen oder gehebelte Investments in Kryptowährungen bieten.

7.2 Vorteile von Krypto-ETFs

Vorteile von Krypto-ETFs:

1. Einfacher Zugang:
- Krypto-ETFs ermöglichen es Anlegern, in Kryptowährungen zu investieren, ohne sich mit den technischen Aspekten des Kaufs, der Speicherung und der Sicherung von digitalen Vermögenswerten beschäftigen zu müssen.

68

2. Regulierte Umgebung:
   - Da Krypto-ETFs in regulierten Märkten gehandelt werden, bieten sie eine höhere Sicherheit und Transparenz im Vergleich zum direkten Handel von Kryptowährungen auf unregulierten Plattformen.

3. Diversifikation:
   - Multi-Krypto-ETFs ermöglichen es Anlegern, ihr Risiko zu streuen, indem sie in eine Vielzahl von Kryptowährungen investieren, anstatt sich auf eine einzelne zu konzentrieren.

4. Liquidität:
   - ETFs können einfach an Börsen gehandelt werden, was eine höhere Liquidität und Flexibilität bietet, um schnell auf Marktveränderungen zu reagieren.

Risiken von Krypto-ETFs:

1. Volatilität:
   - Kryptowährungen sind bekannt für ihre hohe Volatilität, was sich direkt auf die Performance von Krypto-ETFs auswirkt.

2. Regulatorische Risiken:
   - Änderungen in der Regulierung von Kryptowährungen und Krypto-ETFs können die Marktdynamik und die Verfügbarkeit solcher Produkte beeinflussen.

3. Marktrisiko:
   - Wie bei allen Investitionen in den Finanzmärkten besteht auch bei Krypto-ETFs das Risiko von Verlusten, insbesondere in einem so volatilen Markt wie dem der Kryptowährungen.

Zukunftsaussichten:

Die zunehmende Akzeptanz und das wachsende Interesse an Kryptowährungen könnten zu einer weiteren Expansion des Marktes für Krypto-ETFs führen. Mit neuen Produkten und einer breiteren Diversifikation könnten Krypto-ETFs eine Schlüsselrolle dabei spielen, Kryptowährungen einem breiteren Publikum zugänglich zu machen und gleichzeitig das Risiko zu streuen.

Krypto-ETFs bieten eine attraktive Möglichkeit, am Wachstum des Kryptowährungsmarktes teilzuhaben, ohne die technischen Hürden des direkten Besitzes zu überwinden. Während sie eine regulierte und diversifizierte Investitionsoption darstellen, ist es wichtig, die damit verbundenen Risiken zu verstehen und sorgfältig zu prüfen, wie sie in das eigene Anlageportfolio passen.

7.3 Wie man in Krypto-ETFs investiert

Investieren in Krypto-ETFs ist eine hervorragende Möglichkeit, sich am Kryptowährungsmarkt zu beteiligen, ohne direkt Kryptowährungen besitzen zu müssen. Krypto-ETFs bieten die Vorteile regulierter Finanzprodukte und die Einfachheit des Handels an Börsen. In diesem Kapitel erklären wir, wie man in Krypto-ETFs investiert, welche Schritte dabei zu beachten sind und welche Tipps für einen erfolgreichen Einstieg hilfreich sein können.

Schritt-für-Schritt-Anleitung zum Investieren in Krypto-ETFs

1. Wähle einen passenden ETF
   - Informiere dich über verschiedene Krypto-ETFs und entscheide, welcher am besten zu deinen Anlagezielen passt. Es gibt ETFs, die ausschließlich Bitcoin oder Ethereum abdecken, sowie solche, die in mehrere Kryptowährungen investieren oder auf spezifische Sektoren wie DeFi abzielen.

2. Eröffne ein Brokerage-Konto
   - Um in ETFs investieren zu können, benötigst du ein Konto bei einem Broker, der Zugang zu den Börsen bietet, an denen Krypto-ETFs gehandelt werden. Dies kann ein traditioneller Online-Broker wie eToro, Robinhood oder Interactive Brokers sein, oder spezialisierte Krypto-Plattformen wie Coinbase.
3. Einzahlung auf dein Konto

- Nachdem du dein Konto eröffnet hast, musst du Geld einzahlen. Dies kann per Banküberweisung, Kreditkarte oder anderen Zahlungsdiensten erfolgen, abhängig von den angebotenen Optionen deines Brokers.

4. Suche den gewünschten ETF
- Nutze die Suchfunktion deines Brokerage-Kontos, um den gewünschten Krypto-ETF zu finden. Du kannst nach dem Ticker-Symbol des ETFs suchen (z.B. BTCC für den Purpose Bitcoin ETF).

5. Kauf des ETFs
- Gib eine Kauforder für den gewünschten ETF auf. Du kannst zwischen verschiedenen Ordertypen wählen, wie z.B. Market Orders (sofortiger Kauf zum aktuellen Marktpreis) oder Limit Orders (Kauf zu einem von dir festgelegten Preis). Achte darauf, die Order korrekt zu platzieren und bestätige den Kauf.

6. Überwachung und Anpassung deiner Investition
- Nachdem du in den ETF investiert hast, ist es wichtig, deine Investition regelmäßig zu überwachen. Beobachte die Marktentwicklung und die Performance deines ETFs. Bei Bedarf kannst du deine Position anpassen, indem du weitere Anteile kaufst oder verkaufst.

Tipps für erfolgreiches Investieren in Krypto-ETFs

1. Recherche und Due Diligence
- Informiere dich gründlich über den ETF, seine Struktur, die enthaltenen Vermögenswerte und die Risikofaktoren. Lies Berichte, Analysen und das Prospekt des ETFs, um ein umfassendes Verständnis zu bekommen.

2. Langfristige Perspektive
- Krypto-ETFs eignen sich gut für langfristige Investments. Die Volatilität des Kryptowährungsmarktes kann zu kurzfristigen Preisschwankungen führen, aber eine langfristige Anlagestrategie kann helfen, diese Schwankungen zu überstehen.

3. Diversifikation
- Diversifiziere deine Investitionen, indem du nicht nur in einen einzelnen Krypto-ETF investierst. Streue dein Kapital über verschiedene ETFs und andere Anlageklassen, um das Risiko zu minimieren.

4. Kosten beachten
- Achte auf die Gebührenstruktur des ETFs, einschließlich Managementgebühren und sonstiger Kosten. Diese können die Gesamtrendite deiner Investition beeinflussen.

5. Regelmäßiges Rebalancing
- Überprüfe dein Portfolio regelmäßig und nimm gegebenenfalls Anpassungen vor, um die gewünschte Asset-Allokation beizubehalten. Dies kann durch den Kauf oder Verkauf von ETF-Anteilen erfolgen.

Risiken und Herausforderungen

1. Marktvolatilität
- Krypto-ETFs sind den Schwankungen des Kryptowährungsmarktes ausgesetzt. Hohe Volatilität kann zu schnellen und erheblichen Änderungen des ETF-Preises führen.

2. Regulatorische Risiken
- Die Regulierung von Kryptowährungen und Krypto-ETFs kann sich ändern, was potenziell Auswirkungen auf die Verfügbarkeit und Performance dieser Produkte haben kann.

3. Technologische Risiken
- Die zugrunde liegende Technologie von Kryptowährungen ist komplex und kann Sicherheits- und technische Risiken mit sich bringen, die die Performance eines ETFs beeinflussen können.

Investieren in Krypto-ETFs bietet eine zugängliche und regulierte Möglichkeit, am Wachstum des Kryptowährungsmarktes teilzuhaben.

Durch sorgfältige Auswahl, gründliche Recherche und eine strategische Anlagestrategie können Anleger von den Vorteilen dieser innovativen Finanzprodukte profitieren und gleichzeitig die damit verbundenen Risiken managen.

7.4 Vergleich mit direkten Investitionen in Kryptowährungen

Der Vergleich zwischen Investitionen in Krypto-ETFs und direkten Investitionen in Kryptowährungen hilft Anlegern zu verstehen, welche Methode am besten zu ihren Zielen, ihrer Risikobereitschaft und ihrem technischen Wissen passt. Beide Ansätze haben ihre eigenen Vor- und Nachteile, die wir in diesem Kapitel leicht verständlich erklären.

Krypto-ETFs:

1. Was ist ein Krypto-ETF?
   - Ein Krypto-ETF ist ein börsengehandelter Fonds, der in eine oder mehrere Kryptowährungen investiert. Anleger kaufen Anteile dieses Fonds, die an traditionellen Börsen gehandelt werden.

2. Vorteile von Krypto-ETFs:
   - Einfachheit und Zugänglichkeit: Krypto-ETFs können über herkömmliche Brokerage-Konten gekauft und verkauft werden, ohne dass man sich mit den technischen Aspekten der Kryptowährungen befassen muss.
   - Regulierung: Da Krypto-ETFs an regulierten Börsen gehandelt werden, unterliegen sie den Vorschriften und Schutzmaßnahmen der Finanzaufsichtsbehörden.
   - Diversifikation: Einige Krypto-ETFs investieren in eine Mischung verschiedener Kryptowährungen, was das Risiko streut.
   - Keine Notwendigkeit zur sicheren Aufbewahrung: Anleger müssen sich nicht um die sichere Verwahrung ihrer Kryptowährungen kümmern, da dies vom Fonds übernommen wird.

3. Nachteile von Krypto-ETFs:
   - Gebühren: Krypto-ETFs erheben Managementgebühren, die die Rendite mindern können.

73

- Kein direkter Besitz: Anleger besitzen keine tatsächlichen Kryptowährungen, sondern nur Anteile am Fonds.
- Begrenzte Auswahl: Der Markt für Krypto-ETFs ist noch relativ klein, und nicht alle Kryptowährungen sind als ETF verfügbar.

Direkte Investitionen in Kryptowährungen:

1. Was bedeutet direkte Investition in Kryptowährungen?
- Bei direkten Investitionen kaufen Anleger die tatsächlichen Kryptowährungen wie Bitcoin, Ethereum oder Solana und besitzen sie in ihren eigenen digitalen Wallets.

2. Vorteile direkter Investitionen:
- Volle Kontrolle: Anleger besitzen die Kryptowährungen direkt und haben die volle Kontrolle über ihre Vermögenswerte.
- Niedrigere Kosten: Es fallen keine Managementgebühren an, wie sie bei Krypto-ETFs üblich sind.
- Teilnahme am Netzwerk: Direkte Besitzer können an den Netzwerken der Kryptowährungen teilnehmen, z.B. durch Staking oder Governance.
- Potenzial für höhere Renditen: Bei direktem Besitz profitieren Anleger direkt von allen Kursgewinnen der Kryptowährungen.

3. Nachteile direkter Investitionen:
- Technische Komplexität: Der Kauf, die Aufbewahrung und die Verwaltung von Kryptowährungen erfordern technisches Wissen und Verständnis für digitale Sicherheit.
- Sicherheitsrisiken: Anleger müssen selbst für die sichere Verwahrung ihrer Kryptowährungen sorgen. Fehler bei der Aufbewahrung können zu Verlusten führen.
- Volatilität: Direkte Investitionen sind direkt der hohen Volatilität des Kryptowährungsmarktes ausgesetzt, was zu schnellen und erheblichen Wertänderungen führen kann.
- Regulatorische Unsicherheit: In vielen Ländern sind die Vorschriften für den Handel und Besitz von Kryptowährungen unklar oder im Wandel, was zusätzliche Risiken mit sich bringt.

Vergleichende Übersicht:

Merkmal	Krypto-ETFs	Merkmal
Zugänglichkeit	Einfach über traditionellen Brooker	Zugänglichkeit
Regulierung	Stark reguliert	Regulierung
Besitz	Anteile an einem Fonds	Besitz
Sicherheit	Verwahrung durch den Fonds	Sicherheit
Diversifikation	Möglich durch Multi-Krypto-ETFs	Diversifikation
Gebühren	Managementgebühren	Gebühren
Technische Anforderungen	Gering	Technische Anforderungen
Marktvolatilität	Moderat, durch Fondsmanagement gemildert	Marktvolatilität

Fazit:

Die Wahl zwischen Krypto-ETFs und direkten Investitionen in Kryptowährungen hängt von den individuellen Präferenzen und Fähigkeiten des Anlegers ab. Krypto-ETFs bieten eine regulierte, einfache und diversifizierte Möglichkeit, in den Kryptowährungsmarkt zu investieren, sind jedoch mit Managementgebühren verbunden und bieten keinen direkten Besitz. Direkte Investitionen bieten volle Kontrolle und das Potenzial für höhere Renditen, erfordern jedoch technisches Wissen und ein Verständnis für die sichere Aufbewahrung digitaler Vermögenswerte. Anleger sollten ihre eigenen Ziele, Risikobereitschaft und Kenntnisse berücksichtigen, um die für sie passende Investitionsmethode zu wählen.

Kapitel 8: Regulierung von Kryptowährungen weltweit

8.1 Regulierung von Kryptowährungen weltweit

Die Regulierung von Kryptowährungen variiert weltweit stark und reflektiert die unterschiedlichen Ansätze, die Länder zur Kontrolle und Integration digitaler Währungen verfolgen. Während einige Nationen Kryptowährungen und Blockchain-Technologie als innovative Finanzinstrumente begrüßen, stehen andere ihnen skeptisch oder sogar feindlich gegenüber. In diesem Kapitel beleuchten wir die verschiedenen regulatorischen Landschaften weltweit und erläutern die wichtigsten Ansätze und Maßnahmen, die von Regierungen ergriffen werden.

1. Vereinigte Staaten:

- Regulatorische Behörden: In den USA spielen mehrere Behörden eine Rolle bei der Regulierung von Kryptowährungen, darunter die Securities and Exchange Commission (SEC), die Commodity Futures Trading Commission (CFTC) und das Financial Crimes Enforcement Network (FinCEN).
- Regulierungsansätze: Die SEC betrachtet viele Initial Coin Offerings (ICOs) als Wertpapierangebote, die den bestehenden Wertpapiergesetzen unterliegen. Die CFTC hingegen klassifiziert Bitcoin und andere Kryptowährungen als Rohstoffe und reguliert den Handel mit Krypto-Derivaten.
- State-by-State Regulations: Zusätzlich gibt es auf staatlicher Ebene unterschiedliche Regelungen, wie z.B. das BitLicense-Regime in New York, das strenge Anforderungen an Krypto-Unternehmen stellt.

2. Europäische Union:

- Regulatorischer Rahmen: Die EU hat einen umfassenden Ansatz zur Regulierung von Kryptowährungen entwickelt, der auf der fünften Geldwäscherichtlinie (AMLD5) basiert, die strengere Maßnahmen zur Bekämpfung von Geldwäsche und Terrorismusfinanzierung einführt.

- MICA (Markets in Crypto-Assets Regulation): Die EU arbeitet an der MICA-Verordnung, die einen einheitlichen Rechtsrahmen für Krypto-Assets schafft und klare Regeln für Emittenten und Dienstleister festlegt.
- Nationale Unterschiede: Trotz EU-weiten Regelungen gibt es Unterschiede in der Umsetzung auf nationaler Ebene, wobei einige Länder wie Deutschland eine proaktive Haltung einnehmen.

3. China:

- Verbot von Kryptowährungen: China hat einen sehr restriktiven Ansatz und hat den Handel mit Kryptowährungen sowie ICOs komplett verboten. Darüber hinaus wurde der Krypto-Mining-Sektor stark reguliert und teilweise eingeschränkt.
- Zentralbank-Digitalwährung (CBDC): Parallel dazu entwickelt China seine eigene digitale Zentralbank Währung, den digitalen Yuan, um die Kontrolle über den digitalen Zahlungsverkehr zu behalten.

4. Japan:

- Positive Haltung: Japan gilt als einer der fortschrittlichsten Märkte für Kryptowährungen. Das Land erkennt Bitcoin und andere Kryptowährungen als legale Zahlungsmittel an und hat klare Regeln für den Betrieb von Krypto-Börsen eingeführt.
- Financial Services Agency (FSA): Die FSA überwacht und reguliert den Krypto-Markt streng, um den Schutz der Anleger zu gewährleisten und illegale Aktivitäten zu verhindern.

5. Südkorea:

- Strenge Regulierung: Südkorea hat ebenfalls strenge Vorschriften für den Krypto-Markt, einschließlich der Registrierung von Krypto-Börsen und der Bekämpfung von Geldwäsche.
- Initial Coin Offerings (ICOs): ICOs sind in Südkorea derzeit verboten, obwohl die Regierung die Möglichkeit einer Aufhebung dieses Verbots in Betracht zieht.

6. Schweiz:

- Krypto-freundliche Umgebung: Die Schweiz, insbesondere der Kanton Zug (bekannt als "Crypto Valley"), hat eine positive Haltung gegenüber Kryptowährungen und Blockchain-Technologie. Klare regulatorische Rahmenbedingungen und steuerliche Anreize machen die Schweiz zu einem attraktiven Standort für Krypto-Unternehmen.
- FINMA (Financial Market Supervisory Authority): Die FINMA reguliert Krypto-Transaktionen und ICOs und sorgt für Transparenz und Anlegerschutz.

7. Singapur:

- Progressive Regulierung: Singapur hat einen pragmatischen und technologieorientierten Ansatz zur Regulierung von Kryptowährungen. Die Monetary Authority of Singapore (MAS) hat einen klaren Rechtsrahmen für Krypto-Dienstleister geschaffen.
- Payment Services Act: Dieses Gesetz reguliert den Krypto-Markt und verlangt von Krypto-Unternehmen die Einhaltung von Vorschriften zur Bekämpfung von Geldwäsche und Terrorismusfinanzierung.

Globale Herausforderungen und Trends:

- Geldwäsche und Terrorismusfinanzierung: Viele Länder führen strenge KYC (Know Your Customer) und AML (Anti-Money Laundering) Vorschriften ein, um illegale Aktivitäten zu verhindern.
- Steuerliche Behandlung: Die Besteuerung von Kryptowährungen variiert stark und reicht von umfassender Steuerpflicht bis hin zu völliger Steuerfreiheit in einigen Jurisdiktionen.
- Zentralbank-Digitalwährungen (CBDCs): Immer mehr Länder entwickeln eigene digitale Zentralbank Währungen, um die Kontrolle über das Finanzsystem zu behalten und Innovationen im Zahlungsverkehr zu fördern.

Die Regulierung von Kryptowährungen entwickelt sich ständig weiter, da Regierungen weltweit versuchen, das richtige Gleichgewicht zwischen Innovation und Schutz zu finden. Für Investoren und Unternehmen im Krypto-Bereich ist es wichtig, sich über die jeweiligen gesetzlichen Anforderungen und regulatorischen Entwicklungen in den relevanten Märkten auf dem Laufenden zu halten.

8.2 Steuerliche Behandlung von Kryptowährungsgewinnen

Die steuerliche Behandlung von Gewinnen aus Kryptowährungen variiert weltweit und hängt stark von den jeweiligen nationalen Steuergesetzen ab. Grundsätzlich werden Gewinne aus dem Handel oder der Investition in Kryptowährungen in vielen Ländern ähnlich wie andere Kapitalgewinne behandelt, was bedeutet, dass sie in der Regel steuerpflichtig sind.

In einigen Ländern müssen Anleger ihre Krypto-Gewinne als Teil ihres Einkommens angeben und entsprechend versteuern. Dies gilt sowohl für den Verkauf von Kryptowährungen als auch für das Tauschen einer Kryptowährung in eine andere oder in Fiat-Währungen. Auch das Mining von Kryptowährungen kann steuerpflichtig sein, da die erhaltenen Coins als Einkommen betrachtet werden.

Es gibt jedoch auch Länder, die spezifische Regelungen oder Steuererleichterungen für Kryptowährungen haben. Einige Staaten bieten steuerliche Anreize, um den Einsatz und die Entwicklung von Kryptowährungen zu fördern, während andere strenge Vorschriften und höhere Steuersätze anwenden.

Wichtig ist, dass Krypto-Investoren sich über die geltenden Steuervorschriften in ihrem Land informieren und gegebenenfalls professionelle steuerliche Beratung in Anspruch nehmen, um sicherzustellen, dass sie ihre steuerlichen Verpflichtungen korrekt erfüllen. Das Kapitel "Sicherheitslinks" in diesem Buch enthält weiterführende Links zu offiziellen Steuerbehörden, die detaillierte Informationen und Richtlinien bieten.

8.3 Sicherheits- und Datenschutzaspekte

Beim Umgang mit Kryptowährungen spielen Sicherheits- und Datenschutzaspekte eine entscheidende Rolle. Da Kryptowährungen digital und dezentralisiert sind, müssen Anleger und Nutzer besondere Vorsichtsmaßnahmen ergreifen, um ihre Vermögenswerte und persönlichen Daten zu schützen. In diesem Abschnitt beleuchten wir die wichtigsten Sicherheits- und Datenschutzaspekte, die man beachten sollte.

1. Sichere Aufbewahrung:

- Hot Wallets vs. Cold Wallets: Hot Wallets sind mit dem Internet verbundene Wallets und bieten einfachen Zugang zu Kryptowährungen, sind aber anfälliger für Hacks. Cold Wallets sind Offline-Speicherlösungen (wie Hardware-Wallets oder Papier-Wallets) und bieten einen höheren Schutz vor Cyberangriffen.
- Seed Phrases: Eine Seed Phrase ist eine Liste von Wörtern, die als Backup für ein Wallet dient. Diese sollte sicher und offline aufbewahrt werden, da jeder mit Zugriff auf die Seed Phrase auch Zugriff auf die Kryptowährungen hat.

2. Schutz vor Betrug und Phishing:

- Verifizierte Plattformen: Verwende nur offizielle und verifizierte Krypto-Börsen und Wallet-Anbieter. Viele Betrüger erstellen gefälschte Webseiten, die den echten Plattformen sehr ähnlich sehen. Die im Kapitel "Sicherheitslinks" aufgeführten offiziellen Webseiten helfen dabei, betrügerische Seiten zu vermeiden.
- Phishing-Angriffe: Sei vorsichtig bei E-Mails oder Nachrichten, die dazu auffordern, persönliche Informationen oder Zugangsdaten preiszugeben. Vertrauenswürdige Unternehmen werden niemals nach deinen Zugangsdaten fragen.

3. Zwei-Faktor-Authentifizierung (2FA):

- Zusätzliche Sicherheitsschicht: Aktiviere die Zwei-Faktor-Authentifizierung auf allen Krypto-Plattformen. 2FA erfordert neben dem Passwort einen zweiten Verifizierungsschritt, wie z.B. einen Code, der an dein Mobiltelefon gesendet wird.

4. Datenschutz:

- Anonymität vs. Privatsphäre: Während Transaktionen in vielen Kryptowährungsnetzwerken pseudonym sind, können sie oft zurückverfolgt werden. Achte darauf, welche persönlichen Informationen du teilst und wie du Transaktionen durchführst.
- Verwendung von Privacy Coins: Einige Kryptowährungen, wie Monero oder Zcash, bieten zusätzliche Datenschutzfunktionen, die Transaktionen noch anonymer machen.

5. Regelmäßige Updates und Sicherheitsvorkehrungen:

- Software-Updates: Halte deine Wallets und Sicherheitssoftware immer auf dem neuesten Stand, um von den neuesten Sicherheitsupdates und Schutzmechanismen zu profitieren.
- Sicherheitskopien: Mache regelmäßig Sicherheitskopien deiner Wallet-Daten und bewahre diese an einem sicheren Ort auf. So kannst du im Falle eines Verlusts oder Diebstahls deine Kryptowährungen wiederherstellen.

6. Sichere Netzwerke:

- Vermeide öffentliche Netzwerke: Verwende keine öffentlichen WLAN-Netzwerke, um auf deine Krypto-Wallets oder Börsenkonten zuzugreifen. Öffentliche Netzwerke sind anfälliger für Hackerangriffe.
- VPN: Erwäge die Nutzung eines Virtual Private Network (VPN), um deine Internetverbindung zu sichern und deine Online-Aktivitäten zu verschleiern.

7. Aufklärung und Wachsamkeit:

- Informiere dich: Bleib stets über die neuesten Sicherheitspraktiken und Bedrohungen im Bereich Kryptowährungen informiert. Es gibt viele Ressourcen, Blogs und Foren, die aktuelle Informationen und Tipps bieten.
- Vertrauenswürdige Quellen: Hole dir Informationen aus vertrauenswürdigen Quellen und sei skeptisch gegenüber Angeboten, die zu gut erscheinen, um wahr zu sein.

Indem du diese Sicherheits- und Datenschutzaspekte berücksichtigst, kannst du das Risiko minimieren und deine Kryptowährungen sowie persönlichen Daten besser schützen. Denk daran, dass in der Welt der digitalen Vermögenswerte deine eigene Wachsamkeit und Vorbereitung der beste Schutz sind.

Kapitel 9: Häufige Herausforderungen und Fehler

9.1 Typische Anfängerfehler

Der Einstieg in die Welt der Kryptowährungen kann aufregend und gleichzeitig herausfordernd sein. Wie bei jedem neuen Abenteuer sind Fehler ein unvermeidlicher Teil des Lernprozesses. Es ist wichtig, diese Fehler nicht als Rückschläge, sondern als wertvolle Lektionen zu sehen, die dich auf deinem Weg zum erfolgreichen Krypto-Investor weiterbringen. Selbst erfahrene Krypto-Experten, die jahrelang im Markt aktiv sind, machen immer noch Fehler. Die entscheidende Frage ist, wie man aus diesen Fehlern lernt und wächst.

1. Mangel an Recherche und Wissen:

Viele Anfänger neigen dazu, in Kryptowährungen zu investieren, ohne sich ausreichend über die Projekte, Technologien und Märkte zu informieren. Es ist entscheidend, die Grundlagen zu verstehen und gründliche Recherchen durchzuführen, bevor man in eine Kryptowährung investiert. Fehler in diesem Bereich sind eine Chance, sich intensiver mit der Materie auseinanderzusetzen und wertvolles Wissen zu erwerben.

2. Emotionale Entscheidungen:

Emotionen wie Angst und Gier können zu impulsiven Entscheidungen führen, die oft negative Konsequenzen haben. Ein typischer Anfängerfehler ist der Panikverkauf bei fallenden Kursen oder das FOMO (Fear of Missing Out)-Kaufen bei steigenden Kursen. Diese Erfahrungen lehren die Bedeutung von Disziplin und einer klaren Anlagestrategie.

3. Fehlende Diversifikation:

Viele Neulinge setzen alles auf eine einzige Kryptowährung und ignorieren die Vorteile der Diversifikation. Durch das Verteilen der Investitionen auf verschiedene Kryptowährungen kann das Risiko reduziert werden. Dieser Fehler zeigt, wie wichtig es ist, das Portfolio breit aufzustellen und nicht alle Eier in einen Korb zu legen.

4. Vernachlässigung der Sicherheit:

Anfänger unterschätzen oft die Bedeutung der Sicherheit ihrer digitalen Vermögenswerte. Die Nutzung unsicherer Wallets, das Vernachlässigen von Backups oder das Teilen sensibler Informationen kann zu Verlusten führen. Solche Fehler sind eine schmerzhafte, aber wichtige Lektion, die die Bedeutung von Sicherheitsmaßnahmen verdeutlicht.

5. Unrealistische Erwartungen:

Viele Neueinsteiger erwarten schnelle und enorme Gewinne und sind enttäuscht, wenn sie nicht eintreten. Der Krypto-Markt ist hochvolatil und kurzfristige Schwankungen sind normal. Diese Erfahrung lehrt Geduld und die Notwendigkeit, realistische Erwartungen zu haben.

6. Fehlende Steuerplanung:

Viele Anfänger berücksichtigen nicht die steuerlichen Auswirkungen ihrer Krypto-Transaktionen. Überraschungen bei der Steuererklärung können vermieden werden, indem man sich frühzeitig über die steuerlichen Pflichten informiert. Dieser Fehler unterstreicht die Bedeutung, auch die rechtlichen und steuerlichen Aspekte im Blick zu behalten.

7. Ignorieren von Gebühren:

Transaktionsgebühren können sich schnell summieren und die Rendite mindern. Anfänger neigen dazu, diese Kosten zu übersehen. Diese Erfahrung lehrt die Wichtigkeit, auch kleinere Kostenfaktoren in die Anlagestrategie einzubeziehen.

Motivation zum Weitermachen:

Fehler zu machen ist völlig normal und ein unvermeidlicher Teil des Lernprozesses. Jeder Fehler ist eine Gelegenheit, zu wachsen und zu lernen. Selbst die erfahrensten Krypto-Investoren haben ihre Anteile an Fehltritten und Rückschlägen. Der Schlüssel zum Erfolg liegt darin, aus diesen Fehlern zu lernen und sich kontinuierlich weiterzubilden.

Lass dich nicht entmutigen, wenn Dinge nicht wie geplant laufen. Der Krypto Markt bietet unzählige Chancen und Möglichkeiten, und jeder Fehler bringt dich einen Schritt näher daran, ein besserer und informierterer Investor zu werden. Bleib neugierig, bleib diszipliniert und vor allem, bleib dran. Mit jeder Herausforderung, die du überwindest, wächst dein Wissen und deine Fähigkeit, kluge Entscheidungen zu treffen. Das Abenteuer Kryptowährungen ist eine Reise mit Höhen und Tiefen, und jede Erfahrung macht dich stärker und erfolgreicher.

9.2 Sicherheitsrisiken und wie du dich schützt

Beim Umgang mit Kryptowährungen sind Sicherheitsrisiken allgegenwärtig. Da digitale Währungen dezentralisiert und oft anonym sind, ziehen sie leider auch Betrüger und Hacker an. Um deine Investitionen zu schützen, ist es wichtig, sich dieser Risiken bewusst zu sein und entsprechende Maßnahmen zu ergreifen. In diesem Abschnitt werden wir die häufigsten Sicherheitsrisiken erläutern und zeigen, wie du dich effektiv schützen kannst. Dabei verweisen wir auch auf relevante Kapitel dieses Buches, die tiefergehende Informationen bieten.

1. Phishing-Angriffe:

Phishing ist eine der häufigsten Methoden, um an deine Zugangsdaten zu gelangen. Betrüger senden gefälschte E-Mails oder Nachrichten, die offiziell wirken und dich dazu bringen sollen, sensible Informationen preiszugeben.

- Schutzmaßnahmen:
  - Öffne keine Links oder Anhänge von unbekannten Absendern.
  - Verifiziere die Absenderadresse und die URL der Webseite.
  - Aktiviere Zwei-Faktor-Authentifizierung (2FA) auf allen Krypto-Plattformen. (siehe Kapitel 8.3)

2. Malware und Viren:

Malware kann deine Wallets und privaten Schlüssel kompromittieren, was zu Verlusten führen kann.

- Schutzmaßnahmen:
  - Installiere eine zuverlässige Antiviren Software und halte sie aktuell.
  - Vermeide das Herunterladen von Software aus unbekannten Quellen.
  - Nutze Hardware-Wallets für die Aufbewahrung großer Beträge. (siehe Kapitel 4.3)

3. Unsichere Wallets:

Die Wahl der richtigen Wallet ist entscheidend für die Sicherheit deiner Kryptowährungen. Hot Wallets sind praktisch, aber anfälliger für Angriffe, während Cold Wallets sicherer sind, da sie offline sind.

- Schutzmaßnahmen:
  - Verwende Cold Wallets für langfristige Aufbewahrung und Hot Wallets für den täglichen Gebrauch. (siehe Kapitel 4.3)
  - Bewahre deine Seed Phrases und privaten Schlüssel sicher offline auf. (siehe Kapitel 3.2)

4. Betrügerische Plattformen:

Es gibt viele gefälschte Krypto-Börsen und Wallets, die darauf abzielen, deine Kryptowährungen zu stehlen.

- Schutzmaßnahmen:

- Verwende nur offizielle und verifizierte Plattformen. Die im Kapitel "Sicherheitslinks" aufgeführten Webseiten helfen dir, legitime Dienste zu identifizieren. (siehe Kapitel 4.1)
- Recherchiere gründlich, bevor du dich auf einer neuen Plattform registrierst.

5. Fehler bei Transaktionen:

Transaktionen in Kryptowährungen sind irreversibel. Ein kleiner Fehler bei der Eingabe der Empfängeradresse kann zum Verlust deiner Coins führen.

- Schutzmaßnahmen:
  - Überprüfe immer die Empfängeradresse sorgfältig.
  - Sende zuerst eine kleine Test Transaktion, bevor du größere Beträge überweist.

6. Verlust von Zugangsdaten:

Der Verlust deiner Zugangsdaten oder Seed Phrases kann den dauerhaften Verlust deiner Kryptowährungen bedeuten.

- Schutzmaßnahmen:
  - Erstelle mehrere Kopien deiner Seed Phrases und bewahre sie an verschiedenen sicheren Orten auf.
  - Nutze Passwort-Manager, um deine Zugangsdaten sicher zu speichern.

7. Social Engineering:

Betrüger nutzen oft psychologische Tricks, um an deine Informationen zu gelangen. Sie geben sich beispielsweise als Kundendienstmitarbeiter aus und bitten um vertrauliche Informationen.

- Schutzmaßnahmen:
  - Teile niemals deine Zugangsdaten oder Seed Phrases mit anderen, auch nicht mit vermeintlichen Kundendienstmitarbeitern.

- Sei skeptisch gegenüber ungewöhnlichen Anfragen und prüfe die Echtheit der Anfragen.

Fazit:

Sicherheitsrisiken im Umgang mit Kryptowährungen sind real, aber mit den richtigen Vorsichtsmaßnahmen kannst du deine Investitionen schützen. Indem du die in diesem Kapitel und in anderen Kapiteln dieses Buches beschriebenen Sicherheitspraktiken befolgst, kannst du viele der häufigsten Bedrohungen vermeiden. Denke immer daran, dass deine Wachsamkeit und Vorbereitung der beste Schutz sind. Bleib informiert, sei vorsichtig und schütze deine digitalen Vermögenswerte mit der gleichen Sorgfalt, wie du es bei physischen Wertgegenständen tun würdest.

9.3 Pump-and-Dump-Schemata und andere Betrugsmaschen

Der Kryptomarkt, mit seiner relativen Neuheit und hohen Volatilität, ist ein fruchtbarer Boden für verschiedene Betrugsmaschen. Eine der bekanntesten und gefährlichsten Methoden ist das sogenannte Pump-and-Dump-Schema. In diesem Abschnitt erklären wir, wie diese und andere Betrugsmaschen funktionieren und wie du dich davor schützen kannst.

Pump-and-Dump-Schemata:

Ein Pump-and-Dump-Schema ist eine Form der Marktmanipulation, bei der der Preis einer Kryptowährung künstlich in die Höhe getrieben (gepumpt) wird, nur um dann die Positionen zu einem hohen Preis zu verkaufen und den Preis wieder abstürzen zu lassen (gedumpt).

Ablauf eines Pump-and-Dump-Schemas:

1. Koordinierte Käufe: Eine Gruppe von Investoren koordiniert den Kauf einer bestimmten Kryptowährung, um den Preis schnell zu erhöhen.

2. Hype und FOMO: Durch gezielte Marketingmaßnahmen und falsche Informationen wird Hype erzeugt, der weitere Investoren anzieht, die aus Angst, etwas zu verpassen (FOMO), einsteigen.

3. Abverkauf: Sobald der Preis ausreichend gestiegen ist, verkaufen die Initiatoren ihre Bestände mit Gewinn, was zu einem starken Preisverfall führt.

4. Verluste für Nachzügler: Investoren, die zu spät eingestiegen sind, sitzen auf ihren nun wertlosen Coins und erleiden erhebliche Verluste.

Wie du dich schützt:

- Sei skeptisch bei plötzlichen Preissprüngen: Wenn der Preis einer wenig bekannten Kryptowährung plötzlich und ohne nachvollziehbaren Grund stark ansteigt, könnte es sich um ein Pump-and-Dump-Schema handeln.
- Forsche gründlich: Informiere dich über das Projekt und suche nach verlässlichen Quellen, bevor du investierst.
- Vermeide FOMO: Investiere nicht nur aufgrund des Hypes oder weil andere es tun. Triff fundierte Entscheidungen basierend auf gründlicher Recherche.

Andere Betrugsmaschen:

1. Phishing:

Wie bereits in Kapitel 9.2 beschrieben, versuchen Betrüger, durch gefälschte E-Mails oder Webseiten an deine Zugangsdaten zu gelangen.

- Schutzmaßnahmen: Sei vorsichtig bei Links in E-Mails und nutze nur offizielle Webseiten.

2. Exit-Scams:

Bei einem Exit-Scam sammelt ein Unternehmen oder ein ICO Geld von Investoren und verschwindet spurlos, ohne das versprochene Produkt zu liefern.

- Schutzmaßnahmen: Recherchiere gründlich über das Team und die Historie des Projekts. Achte auf transparente Kommunikation und unabhängige Bewertungen.

3. Ponzi-Schemata:

Diese betrügerischen Systeme versprechen hohe Renditen für frühe Investoren, die durch das Geld neuer Investoren bezahlt werden. Das System bricht zusammen, wenn keine neuen Investoren mehr gefunden werden.

- Schutzmaßnahmen: Sei vorsichtig bei Angeboten, die unrealistisch hohe Renditen ohne Risiko versprechen. Wenn etwas zu gut klingt, um wahr zu sein, ist es das wahrscheinlich auch.

4. Fake Wallets und Börsen:

Betrüger erstellen gefälschte Wallets und Börsen, um Zugang zu deinen Kryptowährungen zu erhalten.

- Schutzmaßnahmen: Nutze nur gut etablierte und verifizierte Wallets und Börsen. Siehe Kapitel Sicherheitslinks für eine Liste sicherer Plattformen.

5. Social Engineering:

Betrüger nutzen psychologische Tricks, um dich dazu zu bringen, sensible Informationen preiszugeben.

- Schutzmaßnahmen: Teile niemals deine Zugangsdaten oder Seed Phrases. Sei skeptisch bei ungewöhnlichen Anfragen und prüfe deren Echtheit.

Fazit:

Der Krypto Markt bietet viele Chancen, birgt aber auch erhebliche Risiken, insbesondere durch Betrug. Indem du dir der gängigen Betrugsmaschen bewusst bist und die in diesem Kapitel sowie in anderen Kapiteln dieses Buches beschriebenen Sicherheitsvorkehrungen triffst, kannst du dich besser schützen. Denke daran, dass Wissen und Vorsicht deine besten Verbündeten im Kampf gegen Betrug sind. Bleibe wachsam und handle stets überlegt, um deine Investitionen zu schützen.

Kapitel 10: Zukunftsperspektiven und Trends

10.1 Trends und Entwicklungen

Die Welt der Kryptowährungen entwickelt sich ständig weiter, und wer die aktuellen Trends und zukünftigen Entwicklungen im Auge behält, kann daraus erhebliche Vorteile ziehen. Im Jahr 2024 gab es mehrere bemerkenswerte Trends, die die Krypto-Landschaft geprägt haben. Einer der auffälligsten war der große Hype um Memecoins auf der Solana-Blockchain. In diesem Abschnitt beleuchten wir diesen und andere wichtige Trends, die die Zukunft der Kryptowährungen mitgestalten.

1. Der Memecoin-Hype auf Solana:

Im Jahr 2024 erlebte die Solana-Blockchain einen regelrechten Boom im Bereich der Memecoins. Diese Coins, die oft humorvoll und von Memes inspiriert sind, gewannen rapide an Popularität und zogen zahlreiche Investoren an. Solana, bekannt für seine hohe Transaktionsgeschwindigkeit und niedrigen Gebühren, bot eine ideale Plattform für die schnelle und kostengünstige Erstellung und den Handel dieser Tokens.

- Warum der Hype?
  - Hohe Transaktionsgeschwindigkeit: Solana ermöglicht schnelle Transaktionen, was für den aktiven Handel mit Memecoins entscheidend ist.
  - Niedrige Gebühren: Die niedrigen Transaktionsgebühren auf Solana machen es attraktiv für Entwickler und Händler.
  - Community-Engagement: Die lebhafte und kreative Community auf Solana trug maßgeblich zur Verbreitung und Popularität der Memecoins bei.

Der Erfolg der Memecoins auf Solana zeigt, wie schnell sich Trends im Krypto Markt entwickeln können und wie wichtig es ist, flexibel und informiert zu bleiben.

2. Dezentralisierte Finanzdienstleistungen (DeFi):

DeFi bleibt ein dominanter Trend und revolutioniert weiterhin das traditionelle Finanzwesen. Plattformen, die dezentralisierte Kredite, Sparmöglichkeiten und Handel bieten, gewinnen stetig an Marktanteilen.

- Entwicklung: Immer mehr DeFi-Protokolle entwickeln sich zu benutzerfreundlichen und sicheren Alternativen zu traditionellen Finanzdienstleistungen. Der Zugang zu Finanzdienstleistungen wird demokratisiert, und die Abhängigkeit von zentralen Institutionen wird reduziert.

3. Non-Fungible Tokens (NFTs):

NFTs haben sich von einem Nischenphänomen zu einem zentralen Bestandteil der Krypto-Welt entwickelt. Sie ermöglichen die Tokenisierung und den Handel einzigartiger digitaler Assets wie Kunst, Musik und virtuellen Grundstücken.

- Trends: NFTs werden zunehmend in verschiedenen Branchen genutzt, darunter Gaming, Kunst und Unterhaltung. Sie bieten Künstlern und Kreativen neue Wege, ihre Werke zu monetarisieren und mit ihrem Publikum zu interagieren.

4. Institutionelle Adoption:

Immer mehr große Institutionen und Unternehmen erkennen das Potenzial von Kryptowährungen und Blockchain-Technologie. Diese Entwicklung trägt zur Stabilisierung und Legitimierung des Marktes bei.

- Beispiele: Namhafte Unternehmen wie Tesla, MicroStrategy und diverse Banken haben begonnen, Bitcoin und andere Kryptowährungen in ihre Bilanzen aufzunehmen oder Blockchain-Lösungen zu entwickeln.

5. Regulierung und staatliche Initiativen:

Regulierungen und staatliche Initiativen spielen eine immer größere Rolle. Während einige Länder restriktive Maßnahmen ergreifen, fördern andere die Entwicklung und Integration von Kryptowährungen.

- Auswirkungen: Klare regulatorische Rahmenbedingungen können zu mehr Sicherheit und Vertrauen im Markt führen, was wiederum mehr Investoren anzieht.

6. Entwicklung von Layer-2-Lösungen:

Um die Skalierungsprobleme von Blockchains wie Ethereum zu lösen, werden zunehmend Layer-2-Lösungen entwickelt. Diese Technologien ermöglichen schnellere und günstigere Transaktionen.

- Beispiele: Lösungen wie Optimistic Rollups und zk-Rollups tragen dazu bei, die Überlastung der Haupt-Blockchain zu reduzieren und die Nutzererfahrung zu verbessern.

Fazit:

Der Krypto Markt bleibt dynamisch und innovationsgetrieben. Trends wie der Memecoin-Hype auf Solana, die Weiterentwicklung von DeFi und NFTs, die zunehmende institutionelle Adoption, regulatorische Fortschritte und technologische Innovationen prägen die Zukunft dieser spannenden Branche. Für Investoren und Enthusiasten ist es entscheidend, diese Trends zu verfolgen und sich kontinuierlich weiterzubilden, um die sich bietenden Chancen optimal nutzen zu können. Die Welt der Kryptowährungen bleibt spannend und voller Möglichkeiten – sei bereit, diese zu ergreifen!

10.2 Potenziale und Herausforderungen

Die Welt der Kryptowährungen bietet immense Potenziale, birgt jedoch auch zahlreiche Herausforderungen. Um erfolgreich in diesem dynamischen Markt zu navigieren, ist es wichtig, sowohl die

Chancen als auch die Risiken zu verstehen. In diesem Abschnitt beleuchten wir die wichtigsten Potenziale und Herausforderungen, die die Zukunft der Kryptowährungen prägen.

Potenziale:

1. Finanzielle Inklusion:

Kryptowährungen haben das Potenzial, Millionen von Menschen weltweit, die keinen Zugang zu traditionellen Bankdienstleistungen haben, in das Finanzsystem zu integrieren. Mit einem Smartphone und Internetzugang können Menschen überall auf der Welt Kryptowährungen nutzen, um Zahlungen zu senden und zu empfangen, zu sparen und zu investieren.

2. Dezentralisierung und Unabhängigkeit:

Die Dezentralisierung ist ein zentrales Merkmal der Blockchain-Technologie. Sie ermöglicht es, finanzielle Transaktionen und Verträge ohne zentrale Autoritäten durchzuführen. Dies kann zu mehr Transparenz, geringeren Kosten und erhöhter Sicherheit führen.

3. Innovation und neue Geschäftsmodelle:

Kryptowährungen und Blockchain-Technologie fördern die Entwicklung neuer Geschäftsmodelle und innovativer Anwendungen in verschiedenen Sektoren, darunter Finanzen, Gesundheit, Immobilien und Kunst. Smart Contracts auf Plattformen wie Ethereum ermöglichen automatisierte und vertrauensvolle Transaktionen.

4. Wertaufbewahrung und Inflationsschutz:

Bitcoin und andere Kryptowährungen werden oft als "digitales Gold" bezeichnet und bieten eine alternative Wertaufbewahrung, die nicht von traditionellen Währungen und deren Inflation beeinflusst wird. In

Zeiten wirtschaftlicher Unsicherheit und hoher Inflation suchen viele Investoren nach stabilen Anlageformen.

5. Effizienz und Kostensenkung:

Blockchain-Technologie kann Prozesse effizienter gestalten und Kosten senken, insbesondere in Bereichen wie Zahlungsabwicklung, Lieferkettenmanagement und Identitätsprüfung. Diese Effizienzgewinne können zu erheblichen Kosteneinsparungen führen.

Herausforderungen:

1. Regulierung und rechtliche Unsicherheiten:

Die Regulierung von Kryptowährungen variiert stark von Land zu Land und ist oft unklar oder in einem ständigen Wandel begriffen. Diese rechtliche Unsicherheit kann Investoren abschrecken und die Entwicklung neuer Projekte behindern.

2. Sicherheitsrisiken:

Kryptowährungen und Blockchain-Technologien sind nicht immun gegen Hacks, Betrug und andere Sicherheitsrisiken. Die Notwendigkeit, private Schlüssel und Seed Phrases sicher zu verwahren, sowie das Risiko von Phishing und anderen Cyberangriffen, bleibt eine große Herausforderung. (siehe Kapitel 9.2)

3. Volatilität:

Die Preise von Kryptowährungen sind bekannt für ihre extreme Volatilität. Diese Schwankungen können für Investoren sowohl Chancen als auch Risiken darstellen, machen aber langfristige Planungen schwierig und können zu erheblichen Verlusten führen.

4. Skalierbarkeit:

Viele Blockchain-Plattformen haben Skalierbarkeitsprobleme, die zu langsamen Transaktionszeiten und hohen Gebühren führen können. Während Layer-2-Lösungen und neue Technologien entwickelt werden, um diese Probleme zu adressieren, bleibt die Skalierbarkeit eine zentrale Herausforderung. (siehe Kapitel 10.1)

5. Umweltbelastung:

Das Mining von Kryptowährungen wie Bitcoin erfordert enorme Mengen an Energie und hat erhebliche ökologische Auswirkungen. Die Suche nach nachhaltigeren Konsens Mechanismen und energieeffizienten Lösungen ist entscheidend für die Zukunft der Branche.

6. Marktreife und Akzeptanz:

Trotz wachsender Popularität und Nutzung haben Kryptowährungen noch einen langen Weg vor sich, um im Mainstream vollständig akzeptiert zu werden. Bildungsinitiativen und die Entwicklung benutzerfreundlicherer Anwendungen sind notwendig, um die breite Akzeptanz zu fördern.

Fazit:

Die Potenziale von Kryptowährungen und Blockchain-Technologie sind enorm und könnten zahlreiche Aspekte unseres Lebens und der globalen Wirtschaft revolutionieren. Gleichzeitig stehen wir vor bedeutenden Herausforderungen, die bewältigt werden müssen, um diese Technologien sicher und nachhaltig zu integrieren. Ein tiefes Verständnis sowohl der Chancen als auch der Risiken ist entscheidend, um in diesem sich schnell entwickelnden Markt erfolgreich zu sein. Indem wir uns kontinuierlich weiterbilden und auf dem Laufenden bleiben, können wir die Potenziale von

Kryptowährungen optimal nutzen und die Herausforderungen meistern.

10.3 Wie du dich auf die Zukunft vorbereiten kannst

Die Welt der Kryptowährungen ist dynamisch und voller Möglichkeiten. Um in diesem aufregenden und sich schnell entwickelnden Markt erfolgreich zu sein, ist es wichtig, sich kontinuierlich weiterzubilden und flexibel zu bleiben. In diesem Abschnitt geben wir dir einige wertvolle Tipps, wie du dich auf die Zukunft vorbereiten kannst, damit du die Chancen optimal nutzen und Herausforderungen erfolgreich meistern kannst.

1. Bildung ist der Schlüssel:

Der Krypto-Sektor ist komplex und ständig im Wandel. Die wichtigste Investition, die du machen kannst, ist deine eigene Bildung. Informiere dich regelmäßig über die neuesten Entwicklungen, Technologien und Trends. Lese Bücher, besuche Seminare und verfolge vertrauenswürdige Nachrichtenquellen und Experten.

- Motivation: Die Welt der Kryptowährungen bietet ein lebenslanges Lernabenteuer. Jede neue Erkenntnis und jedes neu erworbene Wissen stärkt deine Position und befähigt dich, klügere Entscheidungen zu treffen. Denke daran: Wissen ist Macht.

2. Netzwerke und Community:

Umgib dich mit Gleichgesinnten, die deine Leidenschaft für Kryptowährungen teilen. Trete Online-Communities bei, besuche Meetups und Konferenzen. Der Austausch von Ideen und Erfahrungen mit anderen kann dir wertvolle Einblicke und neue Perspektiven bieten.

- Motivation: Eine starke Community kann dir helfen, motiviert und informiert zu bleiben. Gemeinsam könnt ihr Herausforderungen meistern und Erfolge feiern. Sei ein aktives Mitglied und nutze die kollektive Weisheit der Gruppe.

3. Risikomanagement:

Kryptowährungen sind bekannt für ihre Volatilität. Entwickle eine solide Risikomanagement-Strategie, um deine Investitionen zu schützen. Diversifiziere dein Portfolio, setze nur das Geld ein, das du bereit bist zu verlieren, und halte dich an deine finanziellen Ziele und Grenzen.

- Motivation: Ein gutes Risikomanagement gibt dir die Sicherheit, auch in turbulenten Zeiten ruhig zu bleiben und klare Entscheidungen zu treffen. Es hilft dir, langfristig erfolgreich zu sein, ohne von kurzfristigen Schwankungen aus der Bahn geworfen zu werden.

4. Bleibe flexibel und anpassungsfähig:

Der Krypto Markt verändert sich schnell. Neue Technologien, Regelungen und Markttrends können unerwartet auftreten. Sei bereit, deine Strategien anzupassen und neue Wege zu gehen, um von den sich bietenden Chancen zu profitieren.

- Motivation: Flexibilität und Anpassungsfähigkeit sind entscheidend, um in einem sich ständig wandelnden Umfeld erfolgreich zu sein. Sei offen für Neues und habe den Mut, Veränderungen anzunehmen. Jeder Wandel bringt neue Möglichkeiten mit sich.

5. Setze auf Sicherheit:

Sicherheit sollte immer oberste Priorität haben. Nutze sichere Wallets, aktiviere Zwei-Faktor-Authentifizierung und bewahre deine privaten Schlüssel und Seed Phrases sicher auf. Vermeide Phishing-Angriffe und halte deine Software auf dem neuesten Stand.

- Motivation: Ein sicherer Umgang mit deinen Kryptowährungen schützt dich vor Verlusten und Betrug. Du kannst mit dem beruhigenden Wissen agieren, dass deine Investitionen sicher sind. Sicherheit gibt dir die Freiheit, dich auf die wesentlichen Aspekte deiner Krypto-Reise zu konzentrieren.

6. Langfristiges Denken:

Die aufregendsten Entwicklungen und größten Erfolge im
Kryptomarkt entstehen oft über längere Zeiträume. Denke langfristig
und habe Geduld. Lass dich nicht von kurzfristigen
Marktbewegungen verunsichern.

- Motivation: Langfristiges Denken hilft dir, das große Ganze im Blick
zu behalten und dich auf deine langfristigen Ziele zu konzentrieren.
Jede Reise hat Höhen und Tiefen, aber wer geduldig und beharrlich
bleibt, wird letztendlich belohnt.

Fazit:

Die Zukunft der Kryptowährungen ist voller Potenziale und
Herausforderungen. Mit der richtigen Vorbereitung, Bildung und einer
flexiblen, risikobewussten Herangehensweise kannst du erfolgreich
navigieren und die Chancen optimal nutzen. Bleibe motiviert, lerne
kontinuierlich und setze auf Sicherheit und Netzwerke. Deine Reise
in der Welt der Kryptowährungen ist nicht nur eine finanzielle,
sondern auch eine persönliche Wachstums Reise. Nutze jede
Gelegenheit, um zu lernen und zu wachsen, und du wirst bereit sein
für die aufregende Zukunft, die vor dir liegt.

Kapitel 11: Weiterführende Ressourcen und Tipps

11.1 Nützliche Webseiten und Tools

Um im Krypto Markt erfolgreich zu sein, ist es wichtig, Zugang zu verlässlichen Informationen und nützlichen Tools zu haben. In diesem Abschnitt findest du eine Auswahl an empfehlenswerten Webseiten und Tools, die dir helfen, informierte Entscheidungen zu treffen und deine Krypto-Reise sicher und effektiv zu gestalten.

1. Nachrichten und Analysen:

- CoinDesk: Eine der führenden Nachrichtenquellen für alles rund um Kryptowährungen und Blockchain. Hier findest du aktuelle Nachrichten, Marktanalysen und tiefgehende Berichte.
  - Webseite: https://www.coindesk.com

- CoinTelegraph: Bietet aktuelle Nachrichten, Analysen und Informationen über Kryptowährungen, Blockchain und Fintech.
  - Webseite: www.cointelegraph.com

- CryptoSlate: Liefert Nachrichten, Daten und Analysen über den Kryptomarkt, einschließlich umfassender Berichte und Meinungen.
  - Webseite: www.cryptoslate.com

2. Marktdaten und Charts:

- CoinMarketCap: Eine der bekanntesten Plattformen zur Verfolgung von Kryptowährungspreisen, Marktkapitalisierungen, Handelsvolumina und mehr.
  - Webseite: www.coinmarketcap.com

- CoinGecko: Bietet umfassende Informationen über Kryptowährungen, einschließlich Preise, Volumina, Marktdaten und tiefgehende Analysen.
  - Webseite: www.coingecko.com

- TradingView: Eine Plattform für fortschrittliche Chart-Analyse und technische Analysen, die von Krypto- und traditionellen Märkten gleichermaßen genutzt wird.
  - Webseite: www.tradingview.com

3. Wallets und Sicherheit:

- Ledger: Ein führender Anbieter von Hardware-Wallets, die eine sichere Aufbewahrung deiner Kryptowährungen ermöglichen.
  - Webseite: www.ledger.com

- Trezor: Ein weiterer renommierter Hersteller von Hardware-Wallets mit hohem Sicherheitsstandard.
  - Webseite: www.trezor.io

- MetaMask: Eine beliebte Browser-Erweiterung, die als Ethereum-Wallet fungiert und Zugriff auf dezentralisierte Anwendungen (DApps) ermöglicht.
  - Webseite: www.metamask.io

4. Bildung und Ressourcen:

- Investopedia: Eine umfassende Ressource für Finanzbildung, die auch viele Artikel und Tutorials zu Kryptowährungen und Blockchain enthält.
  - Webseite: www.investopedia.com

- CryptoZombies: Ein interaktiver Kurs, der dir beibringt, wie man Smart Contracts auf Ethereum programmiert, indem du ein Zombie-Spiel erstellst.
  - Webseite: [CryptoZombies](https://cryptozombies.io) - www.cryptozombies.io

5. DeFi und DEX:

- Uniswap: Eine der bekanntesten dezentralen Börsen (DEX) für den Handel mit Ethereum-basierten Tokens.
  - Webseite: www.uniswap.org

- Aave: Eine führende DeFi-Plattform, die das Verleihen und Ausleihen von Kryptowährungen ermöglicht.
  - Webseite: www.aave.com

- PancakeSwap: Eine beliebte DEX auf der Binance Smart Chain (BSC), die den Handel mit BSC-Token ermöglicht.
  - Webseite: [PancakeSwap](https://pancakeswap.finance) - www.pancakeswap.finance

6. Steuern und Regulierung:

- CoinTracking: Ein Tool zur Nachverfolgung deiner Krypto-Transaktionen und zur Erstellung von Steuerberichten.
  - Webseite: www.cointracking.info

- Koinly: Ein weiteres nützliches Tool zur Steuer Berichterstattung und Portfolio-Verfolgung für Kryptowährungen.
  - Webseite: www.koinly.io

Fazit:**

Diese Webseiten und Tools bieten dir wertvolle Informationen und Ressourcen, um deine Krypto-Investitionen zu verwalten und sicher zu navigieren. Halte dich stets auf dem Laufenden und nutze diese Ressourcen, um fundierte Entscheidungen zu treffen und deine Sicherheit zu gewährleisten. Ein gut ausgestattetes Arsenal an Tools und Wissen ist unerlässlich, um in der Welt der Kryptowährungen erfolgreich zu sein. Nutze diese Hilfsmittel, um deine Fähigkeiten zu erweitern und stets einen Schritt voraus zu sein.

11.2 Krypto-Börsen

Krypto-Börsen sind Plattformen, auf denen du Kryptowährungen kaufen, verkaufen und handeln kannst. Es ist sinnvoll, sich bei mehreren Börsen anzumelden, um von verschiedenen Angeboten, Liquidität und Trading-Paaren zu profitieren. Zudem bieten verschiedene Börsen unterschiedliche Features und Gebührenstrukturen, die für deine Handelsstrategie von Vorteil sein können.

Hier sind einige der bekanntesten Krypto-Börsen mit den entsprechenden Links sowie Affiliate-Links. Durch die Nutzung der Affiliate-Links unterstützt du meine Arbeit, ohne dass dir zusätzliche Kosten entstehen. Im Gegenteil, du kannst von Willkommensbonus und reduzierten Handelsgebühren profitieren. Wenn du keine Affiliate-Links nutzen möchtest, findest du auch die normalen Links.

1. Binance:
Binance ist eine der größten und bekanntesten Krypto-Börsen weltweit. Sie bietet eine breite Palette von Kryptowährungen und Trading-Paaren sowie fortschrittliche Handelsfunktionen.

- Webseite: https://www.binance.com
- Affiliate-Link:
https://www.binance.com/activity/referral-entry/CPA?ref=CPA_001T WJG69Z

2. Coinbase:
Coinbase ist besonders anfängerfreundlich und bietet eine einfache Möglichkeit, Kryptowährungen zu kaufen und zu verkaufen. Sie ist eine der vertrauenswürdigsten Börsen mit hoher Sicherheit.

- Webseite: www.coinbase.com

3. Bitget:
Bitget ist eine aufstrebende Plattform, die sich durch ihre benutzerfreundliche Oberfläche und eine breite Palette von Handelsoptionen auszeichnet.

- Webseite: https//www.bitget.com
- Affiliate-Link: https://share.bitget.com/u/57SSYK8F

4. MEXC:

MEXC bietet eine Vielzahl von Kryptowährungen und ist bekannt für ihre schnellen und zuverlässigen Dienstleistungen. Zudem bietet sie Zugang zu sehr kleinen und neuen Währungen.

- Webseite: www.mexc.com
- Affiliate-Link: https://www.mexc.com/register?inviteCode=1xspb

5. Bitpanda:

Bitpanda ist eine benutzerfreundliche Börse mit einem breiten Angebot an Kryptowährungen und anderen digitalen Assets. Des Weiteren ist sie EU reguliert und führt z.B. in der Schweiz automatisch die fälligen Steuern ab.

- Webseite: www.bitpanda.com

Warum bei mehreren Börsen anmelden?

1. Diversifizierung der Angebote: Jede Börse bietet unterschiedliche Kryptowährungen und Trading-Paare an. Durch die Nutzung mehrerer Börsen hast du Zugang zu einer größeren Auswahl an Handelsmöglichkeiten.

2. Liquidität: Verschiedene Börsen haben unterschiedliche Handelsvolumina. Mehr Liquidität bedeutet bessere Preise und geringere Spreads.

3. Sicherheitsvorteile: Wenn du deine Bestände auf mehrere Börsen verteilst, reduzierst du das Risiko eines Totalverlustes im Falle eines Hacks oder Ausfalls einer Börse.

4. Spezielle Funktionen: Einige Börsen bieten spezielle Funktionen wie Futures-Handel, Margin-Handel oder Staking an. Je nach deinen Bedürfnissen kann es vorteilhaft sein, diese zusätzlichen Services zu nutzen.

5. Gebührenstrukturen: Die Handelsgebühren variieren zwischen den Börsen. Durch die Nutzung mehrerer Plattformen kannst du die für dich günstigsten Gebührenmodelle nutzen.

Schlusswort

Zusammenfassung der wichtigsten Punkte

Herzlichen Glückwunsch! Du hast nun ein solides Verständnis der Welt der Kryptowährungen erlangt. In diesem Buch haben wir die wichtigsten Aspekte behandelt, die du als Einsteiger wissen musst.

1. Grundlagen und Geschichte:
Wir haben die Grundlagen der Kryptowährungen und ihre Geschichte besprochen. Du weißt jetzt, was Kryptowährungen sind, wie sie entstanden sind und warum sie wichtig sind.

2. Blockchain-Technologie:
Du hast gelernt, was Blockchain-Technologie ist und wie sie funktioniert. Diese Technologie bildet das Rückgrat aller Kryptowährungen und ermöglicht sichere und transparente Transaktionen.

3. Wichtige Kryptowährungen:
Wir haben uns die wichtigsten Kryptowährungen wie Bitcoin und Ethereum sowie andere bedeutende Coins angeschaut. Du weißt nun, welche Rolle sie im Markt spielen und was sie einzigartig macht.

4. Einstieg in den Kryptomarkt:
Wir haben detailliert erklärt, wie du deine ersten Kryptowährungen kaufst, aufbewahrst und sicherst. Du kennst die Unterschiede zwischen Hot Wallets und Cold Wallets und weißt, wie du deine Investitionen schützt.

5. Risikomanagement und Diversifikation:
Du hast gelernt, wie wichtig es ist, Risiken zu managen und deine Investitionen zu diversifizieren. Dies hilft dir, Verluste zu minimieren und langfristig erfolgreich zu sein.

6. Praktische Anwendungen:
Wir haben die verschiedenen Anwendungen von Kryptowährungen behandelt, einschließlich ihrer Nutzung als Zahlungsmittel und die Rolle in dezentralen Finanzdienstleistungen (DeFi).

7. Krypto-ETFs:
Wir haben erläutert, was Krypto-ETFs sind und wie du in sie investieren kannst. Du weißt nun, wie sie sich von direkten Investitionen in Kryptowährungen unterscheiden.

8. Regulierung und Steuern:
Du hast einen Überblick über die weltweite Regulierung von Kryptowährungen und deren steuerliche Behandlung erhalten. Dies ist entscheidend, um legal und sicher im Kryptomarkt zu agieren.

9. Sicherheit und Betrug:
Wir haben die wichtigsten Sicherheitsaspekte besprochen und wie du dich vor typischen Betrugsmaschen wie Pump-and-Dump-Schemata schützt.

10. Zukunft und Trends:
Du hast Einblicke in die aktuellen Trends und Entwicklungen im Kryptomarkt bekommen und gelernt, wie du dich auf die Zukunft vorbereiten kannst.

Diese Zusammenfassung soll dir helfen, die wichtigsten Punkte im Gedächtnis zu behalten. Der Krypto Markt ist dynamisch und ständig im Wandel. Bleibe informiert, lerne weiter und nutze die Ressourcen und Tools, die dir zur Verfügung stehen. Deine Reise in die Welt der Kryptowährungen hat gerade erst begonnen. Viel Erfolg!

Motivation und Ausblick für deine Krypto Reise

Willkommen am Anfang einer aufregenden Reise in die Welt der Kryptowährungen! Du stehst an der Schwelle zu einer neuen Ära des digitalen Finanzwesens, die voller Chancen und Innovationen steckt. Kryptowährungen sind mehr als nur digitale Münzen – sie sind die treibende Kraft hinter einer globalen Revolution, die traditionelle Finanzsysteme herausfordert und neu gestaltet.

Stell dir eine Welt vor, in der du finanzielle Freiheit genießt, Transaktionen schnell und sicher abwickelst und Zugang zu einer globalen Wirtschaft hast, ohne durch Grenzen oder Zwischenhändler eingeschränkt zu sein. Das ist die Vision, die Kryptowährungen und die dahinterstehende Blockchain-Technologie bieten.

Warum Kryptowährungen spannend sind:

1. Innovation und Technologie:
Kryptowährungen nutzen bahnbrechende Technologien wie Blockchain, die Transparenz und Sicherheit in den Vordergrund stellen. Sie eröffnen neue Möglichkeiten in Bereichen wie Finanzen, Vertragsmanagement und sogar Kunst.

2. Finanzielle Inklusion:
Millionen von Menschen weltweit haben keinen Zugang zu traditionellen Bankdienstleistungen. Kryptowährungen bieten eine Lösung, indem sie Finanzdienstleistungen für jeden zugänglich machen, der einen Internetzugang hat.

3. Dezentralisierung:
Keine zentrale Autorität kontrolliert den Kryptomarkt. Das bedeutet mehr Freiheit und Unabhängigkeit für dich. Du kannst deine finanziellen Entscheidungen selbst treffen und deine Vermögenswerte eigenverantwortlich verwalten.

4. Vielfältige Investitionsmöglichkeiten:
Ob du an Bitcoin, Ethereum oder anderen Altcoins interessiert bist, der Krypto Markt bietet eine Fülle von Investitionsmöglichkeiten. Von

DeFi-Projekten bis hin zu NFTs – es gibt immer etwas Neues zu entdecken.

5. Potenzial für hohe Renditen:
Obwohl der Markt volatil ist, haben viele Investoren beeindruckende Renditen erzielt. Mit der richtigen Strategie und dem Wissen, das du in diesem Buch erworben hast, kannst auch du von den Wachstumschancen profitieren.

6. Gemeinschaft und Unterstützung:
Die Krypto-Community ist lebendig und wächst stetig. Sie bietet eine Fülle von Ressourcen, Foren und Gruppen, in denen du lernen, dich austauschen und Unterstützung finden kannst.

Dein nächster Schritt:

Deine Krypto Reise beginnt jetzt. Nutze das Wissen und die Ressourcen, die du durch dieses Buch erhalten hast, um fundierte Entscheidungen zu treffen. Bleibe neugierig, lerne kontinuierlich und sei offen für neue Entwicklungen. Der Krypto Markt ist dynamisch und voller Überraschungen – und du bist bereit, davon zu profitieren.

Vergiss nicht, dass jeder Fehler ein Lernprozess ist und dass selbst erfahrene Krypto-Enthusiasten immer wieder Neues entdecken. Hab keine Angst vor Herausforderungen, sondern betrachte sie als Chance, zu wachsen und dein Wissen zu erweitern.

Die Welt der Kryptowährungen ist aufregend, innovativ und voller Potenzial. Du hast nun die Werkzeuge und das Wissen, um diese Reise zu beginnen. Tauche ein, erkunde die Möglichkeiten und gestalte deine finanzielle Zukunft aktiv mit. Viel Erfolg und willkommen in der faszinierenden Welt der Kryptowährungen!

Anhang

Glossar der wichtigsten Begriffe

In der Welt der Kryptowährungen und Blockchain-Technologie gibt es viele spezielle Begriffe und Konzepte. Dieses Glossar soll dir helfen, die wichtigsten Begriffe zu verstehen und als Nachschlagewerk dienen, wenn du beim Lesen auf unbekannte Begriffe stößt.

1. Altcoin:
Jede Kryptowährung außer Bitcoin. Altcoins bieten oft spezielle Funktionen oder Anwendungen und können eine Alternative oder Ergänzung zu Bitcoin sein.

2. Blockchain:
Ein dezentrales digitales Hauptbuch, das alle Transaktionen in einer bestimmten Kryptowährung aufzeichnet. Weitere Details findest du in Kapitel 1.3 [Blockchain-Technologie einfach erklärt](Seite 11).

3. Cold Wallet:
Eine Art von Krypto-Wallet, die offline gespeichert wird und daher weniger anfällig für Hackerangriffe ist. Mehr dazu in Kapitel 4.3 [Sichere Aufbewahrung: Hot Wallet vs. Cold Wallets](Seite 42).

4. DeFi (Dezentralisierte Finanzdienstleistungen):
Finanzielle Anwendungen, die auf Blockchain-Technologie basieren und ohne zentrale Vermittler funktionieren. Siehe Kapitel 6.2 [Dezentralisierte Finanzdienstleistungen (DeFi)](Seite 60).

5. DEX (Dezentrale Börse):
Eine Handelsplattform für Kryptowährungen, die auf der Blockchain basiert und keinen zentralen Betreiber hat.

6. Fiat:
Traditionelle Währungen wie USD, EUR oder GBP, die von Regierungen ausgegeben werden und keinen intrinsischen Wert haben, sondern durch das Vertrauen der Nutzer gestützt werden.

7. HODL:
Ein Begriff aus der Krypto-Community, der bedeutet, eine
Kryptowährung langfristig zu halten, unabhängig von kurzfristigen
Marktschwankungen.

8. Hot Wallet:
Eine Krypto-Wallet, die online gespeichert wird und daher leicht
zugänglich, aber auch anfälliger für Cyber Angriffe ist. Mehr dazu in
Kapitel 4.3 [Sichere Aufbewahrung: Hot Wallet vs. Cold
Wallets](Seite 42).

9. ICO (Initial Coin Offering):
Ein Prozess, bei dem neue Kryptowährungen oder Tokens an
Investoren verkauft werden, um Kapital für neue Projekte zu
beschaffen. Siehe Kapitel 6.3 [Initial Coin Offerings (ICOs) und
Token Sales](Seite 62).

10. Krypto-Börse:
Eine Plattform, auf der Kryptowährungen gekauft, verkauft und
gehandelt werden können. Weitere Informationen in Kapitel 11.2
[Krypto-Börsen](107).

11. Mining:
Der Prozess, durch den neue Kryptowährungen erzeugt und
Transaktionen verifiziert werden. Mining erfordert spezielle Hardware
und viel Energie. Mehr dazu in Kapitel 3.1 [Mining und
Transaktionen](Seite 27).

12. Private Key:
Ein geheimer Schlüssel, der den Zugang zu deinen
Kryptowährungen ermöglicht. Er sollte niemals mit anderen geteilt
werden.

13. Public Key:
Ein öffentlicher Schlüssel, der verwendet wird, um Transaktionen zu
empfangen. Er kann bedenkenlos weitergegeben werden.

14. Seed Phrase:
Eine Reihe von Wörtern, die verwendet wird, um den Zugang zu einer Krypto-Wallet wiederherzustellen. Mehr dazu in Kapitel 3.2 [Wallets und Schlüssel](Seite 30).

15. Smart Contract:
Selbstausführende Verträge, die auf der Blockchain gespeichert sind und automatisch ausgeführt werden, wenn bestimmte Bedingungen erfüllt sind. Siehe Kapitel 2.2 [Ethereum und Smart Contracts](Seite 20).

16. Stablecoin:
Eine Kryptowährung, die an einen stabilen Wert, oft eine Fiat-Währung, gekoppelt ist, um Preisschwankungen zu minimieren. Weitere Informationen in Kapitel 2.4 [Stablecoins](Seite 24).

17. Wallet:
Eine Software oder Hardware, die verwendet wird, um Kryptowährungen zu speichern, zu empfangen und zu versenden. Mehr dazu in Kapitel 4.3 [Sichere Aufbewahrung: Hot Wallet vs. Cold Wallets](Seite 42).

Dieses Glossar soll dir helfen, die grundlegenden Begriffe und Konzepte zu verstehen, die in der Welt der Kryptowährungen häufig verwendet werden. Wenn du auf ein unbekanntes Wort stößt, nutze dieses Glossar als schnelle Referenz, um dich zu orientieren und dein Wissen zu erweitern.

FAQ: Häufig gestellte Fragen und Antworten

1. Was sind Kryptowährungen?
Kryptowährungen sind digitale oder virtuelle Währungen, die
Kryptografie zur Sicherheit verwenden. Sie ermöglichen
Peer-to-Peer-Transaktionen ohne Zwischenhändler wie Banken.
Mehr dazu findest du in Kapitel 1.1 [Kryptowährungen leicht
verständlich erklärt](Seite 11).

2. Wie kann ich Kryptowährungen kaufen?
Du kannst Kryptowährungen über Krypto-Börsen wie z.b. Binance,
Coinbase, Bitget, MEXC und Bitpanda kaufen. Der Kaufprozess
umfasst die Registrierung, Verifizierung und Einzahlung von
Fiat-Geld, das dann in Kryptowährungen umgetauscht wird. Siehe
Kapitel 4.2 [Kauf deiner ersten Kryptowährung](Seite 40).

3. Was ist eine Blockchain?
Eine Blockchain ist ein dezentrales, digitales Hauptbuch, das alle
Transaktionen einer Kryptowährung aufzeichnet. Jede Transaktion
wird in einem Block gespeichert und mit den vorherigen Blöcken
verkettet. Mehr dazu in Kapitel 1.3 [Blockchain-Technologie einfach
erklärt](Seite 60).

4. Was sind Wallets und wofür brauche ich sie?
Wallets sind Software- oder Hardware-Lösungen, die zur
Speicherung, zum Empfang und zum Versand von Kryptowährungen
verwendet werden. Es gibt Hot Wallets (online) und Cold Wallets
(offline). Eine Seed Phrase ist eine Reihe von Wörtern, die zur
Wiederherstellung deiner Wallet dient. Mehr dazu in Kapitel 3.2
[Wallets und Schlüssel](Seite 30) und Kapitel 4.3 [Sichere
Aufbewahrung: Hot Wallet vs. Cold Wallets](Seite 42).

5. Was sind die Risiken von Kryptowährungen?
Kryptowährungen sind volatil und können starken
Preisschwankungen unterliegen. Es gibt Risiken wie Hacking, Betrug
und regulatorische Unsicherheiten. Ein gutes Risikomanagement

und Diversifikation können helfen, diese Risiken zu minimieren. Siehe Kapitel 5.1 [Risikomanagement](Seite 47) und Kapitel 5.2 [Diversifikation](Seite 50).

6. Wie kann ich meine Kryptowährungen sicher aufbewahren?
Die sicherste Methode ist die Verwendung von Cold Wallets, die offline gespeichert sind. Hot Wallets sind praktischer, aber auch anfälliger für Hackerangriffe. Verwende starke Passwörter und aktiviere die Zwei-Faktor-Authentifizierung (2FA). Mehr dazu in Kapitel 4.3 [Sichere Aufbewahrung: Hot Wallet vs. Cold Wallets](Seite 42).

7. Was sind Stablecoins?
Stablecoins sind Kryptowährungen, die an einen stabilen Wert, oft an eine Fiat-Währung wie den US-Dollar, gekoppelt sind. Sie bieten eine geringere Volatilität und werden oft für Transaktionen und zur Wertaufbewahrung genutzt. Weitere Informationen in Kapitel 2.4 [Stablecoins](Seite 24).

8. Was sind Smart Contracts?
Smart Contracts sind selbstausführende Verträge, die auf der Blockchain gespeichert sind und automatisch ausgeführt werden, wenn bestimmte Bedingungen erfüllt sind. Sie werden hauptsächlich auf der Ethereum-Plattform verwendet. Mehr dazu in Kapitel 2.2 [Ethereum und Smart Contracts](Seite 20).

9. Wie kann ich Risiken minimieren und sicher in Kryptowährungen investieren?
Diversifiziere deine Investitionen, informiere dich regelmäßig über den Markt, nutze sichere Wallets und Börsen, und setze nur Geld ein, dessen Verlust du verkraften kannst. Risikomanagement und langfristige Planung sind entscheidend. Siehe Kapitel 5.1 [Risikomanagement](Seite 47) und Kapitel 5.3 [Langfristige vs. Kurzfristige Investition](Seite 53).

10. Was ist der Unterschied zwischen Krypto-ETFs und direkten Investitionen in Kryptowährungen?

Krypto-ETFs sind Investmentfonds, die Kryptowährungen nachbilden und an Börsen gehandelt werden. Sie bieten eine einfache Möglichkeit, in Kryptowährungen zu investieren, ohne sie direkt zu kaufen. Direkte Investitionen ermöglichen dir, die Kryptowährungen selbst zu besitzen und zu verwalten. Mehr dazu in Kapitel 7.4 [Vergleich mit direkten Investitionen in Kryptowährungen](Seite 73

Diese FAQ sollen dir helfen, häufig gestellte Fragen schnell und unkompliziert zu beantworten. Sie bieten einen Überblick über die wichtigsten Themen und leiten dich zu den entsprechenden Kapiteln für detaillierte Informationen.